強さの正体
功夫（クンフー）の練り方

勁は力ではない！

遠藤靖彦
陳家太極拳 太我会

前書き

フト気が付けば私も天命を覚る年齢になっていた。

後の残された限りある時間は、自分の掴んだ太極拳の道理の探求を一人静かに楽しみながら過ごそうと考えていた時に、何と！ＤＶＤと本の依頼が舞い込んできた。

チョット迷ったが、これも何かの天命か？と感じ、「最後の仕事」と受けることにして、どうにか成し遂げてホッと肩の荷をおろしたところに、今度は本の制作に携わった編集者の原田氏から「功夫の練り方」についての本の依頼が来てしまった。

今回は本当に迷った。

何故ならば「功夫」は体得するものであり、書面の理論で掴めるものではない！

私の功夫は長い年月の紆余曲折の末に身体で体得したもので、それを言葉で説明することは難しく、仮にできたとしても体験を共有しない学習者が読んでも理解することが出来ないのでは意味のないものだと考えたからである。

だが〝無駄になってもかまわない〟〝出版することが出来なくともよい〟という原田氏の熱い意気込みに押され、私も〝ダメもとでやってみましょう〟と、心が動いたのであった。

しかし、実際に開始してみて、私は後悔した。

それは編集者の食い付きであった。余りにも探求心が強く、公開したくない深い内容までも切り込み、ズンズン入り込んで来て説明を求めてくるのである。恐らく表面的な理解で終わるだろうと高を括っていたものが、このままでは私の苦節の末に得た功夫の全てが公開されてしまう！未だ生徒たちにさえ明かしていない「道理」を、誰もが知ってしまうことへの惜しみ・・・、ともいえる狭い心が芽生えてきた。

後悔の念に、悩み考えた末に・・・・・・、私に残された時間は決して長くなく、生徒たちの功夫の習得を見届けることができるか分からない。だがこの本を残せば、私がいなくなっても探求を継続する指針になるはずだ。また自分自身の苦しみもがいた人生が、これからも同じ道を求める修行者に勇気を与える一助になれば、私の経験も意義のあることになるのではないか。

これまでの人生を振り返れば、しがみ付くものを手放して、次の扉を開いてきたではないか。今また最後に私の人生の全てと言える「功夫の練り方」を手放すことで、先の道へ進めるのだ！と決意を固め、誠心誠意取り組んだのが本書である。

２０２３年初秋

遠藤靖彦

目次

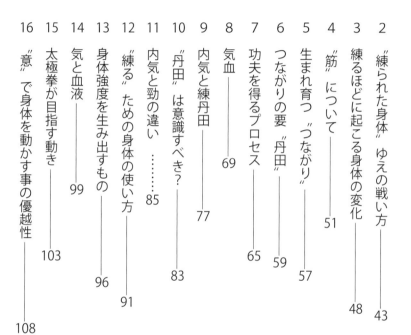

第3章

なぜ功夫か？功夫は何を為すものか？ 129

第4章

第1章 勁を得る

1 絶対必要な〝考え方革命〟

何か新たなものを会得しようという時、それまでは自分になかった新しい要素を自分のものにしようという時、人は〝革命的〟とすら言えるほどに考え方を一新する必要があるのではないでしょうか。

ましてや、ただでさえ神秘のベールがかかって見える中国武術のこと、実際、その方法論はそれまでの自分が持っていた知識、常識、方法論とはかなり違うものでした。

私は本項でお話ししようとしているテーマであるところの「勁」というものを真に実感できるまでに、武術修行を開始して以来、実に30年ほどの年月を必要としました。

これを、「それほど年月をかけぬと体得できぬものなのだ」と言うこともできます。しかし、私自身が強く感じているのは、「理解が間違っていたゆえに会得が進まなかった！」ということなのです。年月をかけないと会得できないものを、年月をかけて修得するのは素晴らしいことだと思います。しかし、誤った理解が修得の足枷になっているのなら、それは一刻も早く正したい、間違いなくそう思うのです。

まずは、私自身が陥っていた、そして今中国武術修行に励んでいらっしゃる方の多くも同様に陥っていると思える大きな勘違いについてお話ししたいと思います。

2 「勁」は「力」ではない⁉

「功夫を練る」とは「勁」の追求だと言っても過言ではないでしょう。では「勁」とは？と問われた時、多くの方が「力」のことだと考えているのではないでしょうか？　中国武術では「力」のことをそう呼ぶのだと。

武術である限り、その求めるものは、相手を吹っ飛ばしたり、ダメージを与えたり……それは、それまでの自分の中にある概念、言葉の範疇でいうならば「力」なのでしょう。実際、「勁」を「力」とする置き換えは話が通じやすいのです。「発勁」は力の発し方、「寸勁」は短い距離のうちで大きな力を起こす方法、などのように。

しかし、結論から言えば、これが、私の修行を大きく遅らせるほどの致命的な勘違いだったのです。

「勁」は私も長い間、「力」と信じていた期間が長く、筋肉に頼らずにどのように得るのか不思議でなりませんでした。

形が正確ならば。姿勢が正しければ。要訣に順じられれば。「勁」を得られる。

そのように考えて長い間（形・姿勢・要訣）を遵守した練習を積みましたが、残念ながら「勁」を「力」として得られませんでした。

そこで「気」に考えを移し、毎朝暗いうちから代々木公園で、数時間も「站樁」や「気功」の練習を何年も継続しました。しかし、これでも「勁」を「力」として体得することはできませんでした。

この時にはまだ理解できていませんでしたが「站樁」や「気功」は「勁」を得るためのものではなかったのです。（このことについては後の章で）

それでは「勁」とはどのようなものか。これを私の体得からの解釈を説明しましょう。

私の体感から、太極拳の勁そのものは水流や風のようにしなやかで穏やかな感覚のもので、力強さを感じるものではありません。ではそれなのに、武術としてどうして敵にダメージを与えることが出来るのでしょうか？

その回答として「勁」には「勢い」があるからです。

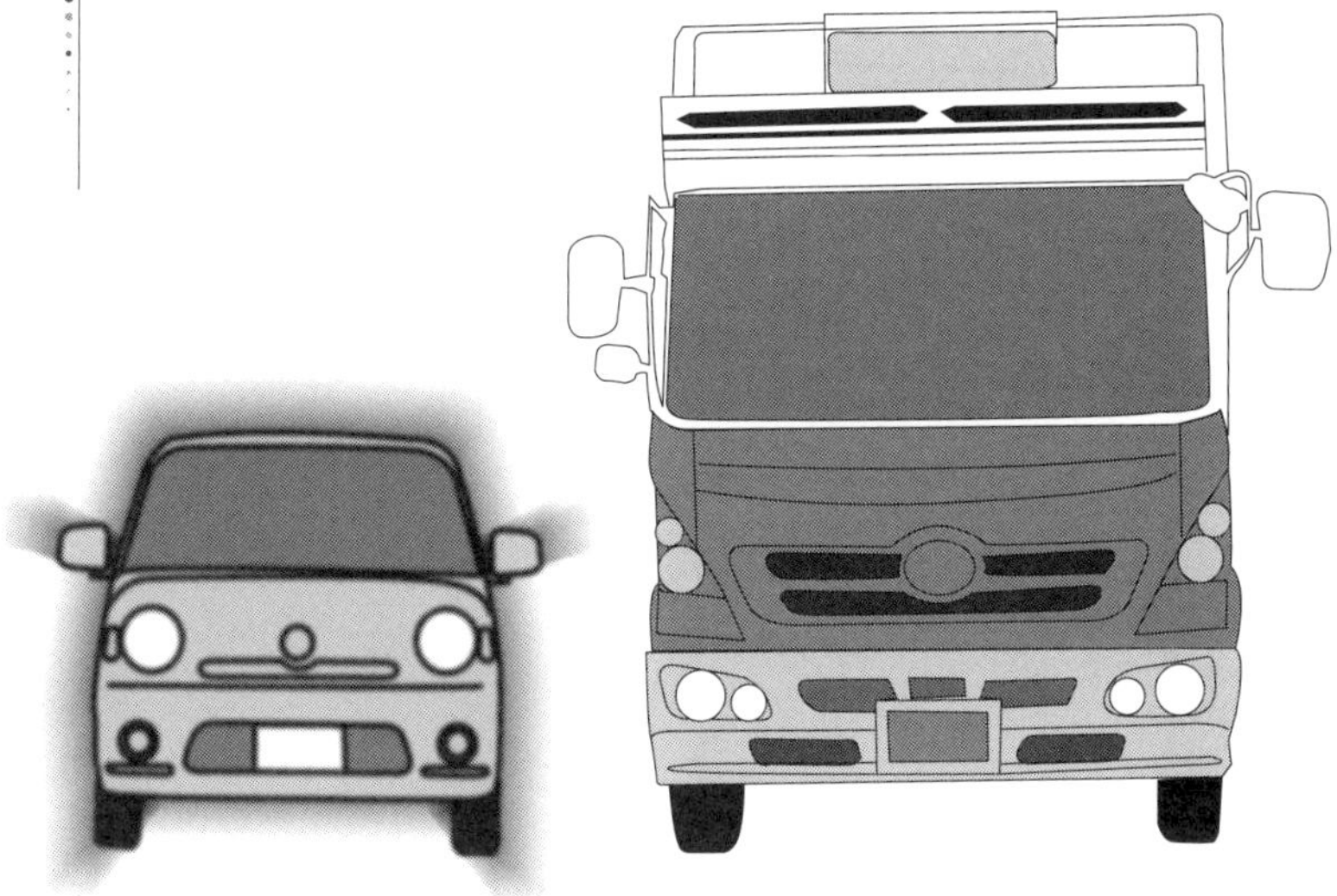

例えば、大型のトラックを見るとき「力強さ」を感じるはずです。しかし、小型の軽自動車を見たときにはどう感じるでしょう？

ここで、もしこの二つの車の前に立たなければならないとしたら、どちらの方が恐怖感を覚えるでしょうか。

止まっている大型トラックの前に立つ。

疾走してくる軽自動車の前に立つ。

このどちらを選びますか？

止まっている大型トラックのパワーも止まっていれば害はありませんが、疾走してくる軽自動車には、明らかに害を被ります。

すなわち、この疾走が「勢い」です。

そうです、「勁」が、ダメージを与えるのは、この「勢い」があるからなのです。

〝では勁に勢いを生み出すものは何か？〟と言えば、それが「流れ!!」なのです。

川の流れもユックリ穏やかであれば問題ありませんが、激流になれば樹木すら流されてしまうでしょう。

風も穏やかで微風であれば清々しく感じますが、強風であれば立木を薙ぎ倒し、屋根も吹き飛ばされてしまいます。

この「勢い」というものを考えるところに、中国武術の「勁」というものの発端があった訳です。

例えば今は、パンチ力を「○○キロ」などという風に表す習慣もあります。そうすると、あたかも〝重量〟のように解釈してしまいがちなところでもあります。確かに体重１００キロの力士にじっと乗っかられたら、それだけで相当なダメージを受けそうですが、中国武術が求めるものはそれとはまったく異質のものなのです。そしてこの「勢い」というのは、パンチスピード、すなわち体の特定部位を動かす速さのことでもありません。

身体内の「流れ」としか言いようのない質のものであり、全身を使うからこそ強大な威力が宿るものなのです。

3 「放鬆」なくば「勁」もなし

「勁」は「流れ」であり、加速すると「勢い」が生じます。それゆえに、その勁の流れを実現させる前提条件ともいうべき身体状態を作るため欠かせないのが「放鬆（ファンソン）」です。

放鬆という言葉は太極拳を学んだ者ならば誰もが聞いたことがあるのではないでしょうか。しかしその真の重要性を知る者は少ないのでしょう。

私も初めは「放鬆＝リラックス」程度に捉えそれほど重要に考えていませんでした。それが、まさか「勁」の体得を左右し、さらには功夫修得のために最後まで必要欠かせざるほどのものとは認識していませんでした。

以下の放鬆の感覚は熟練が深まったのちに感じることですが、日本人の間違いやすい点を理解してもらうためにあえて初めにご説明します。

放鬆を正しく理解するためには、日本人が考える弛緩と放鬆とを混同しないように気を付けなければなりません。

弛緩や放鬆は、心と肉体の関係性が深いからです。例えば次の比較をご覧下さい。

◉弛緩の場合：仕事を終えて帰宅してソファーに倒れ込みフーッと息を吐いたとき。
この時の心身の状態は「脱力」で弛緩と言えます。
◉放鬆の場合：眼前の開けた雄大な景観を眺めるとき。
この時の心身の状態は「解放」で放鬆と言えます。

弛緩は脱力で精神を「沈重」させます。
放鬆は解放で精神を「高揚」させます。

太極拳は意識による身体コントロールが重要であるために、精神が沈み、不活発であってはならないのです。「放鬆」は解放的、躍動的、溌溂（はつらつ）と活き活きしたものなので、体得のためには、初めは静止した状態より、身体を展開させ動かす練習の方が会得しやすいと私は考えます。

さらには、全身の全ての関節（特に股関節と肩関節）を開いて解放させ、動きに円滑性を持たせられれば「放鬆」効果を高め、感覚も顕著になるでしょう。

〝放鬆とは何か？〟を頭で考えても理解は不可能で、実際に体を動かし運動により体感すべきものです。

このために、身体を弛め、解放させるような、また全身の節々を開くような基礎練習を長い間継続すれば「放鬆」の体得をより速めることが可能になります。

それでは「放鬆」の重要性が「勁」の体得にどれほど必要なものか。

太極拳功夫の練り方と、ソバ打ちの練り方とは似た部分がありますから、イメージを掴みやすいと思いますので、ソバ打ちを例にとって太極拳練習と比較しながらご説明しましょう。

ソバ打ちにはまずソバの実が粉に引かれていなければなりません。この粉の状態にすることが太極拳学習では、「放鬆」に当たります。キメ細かく引かれたソバ粉は、滑らかで腰のあるソバの出来を左右するほどの大切なものだと思います。ゆえに太極拳でも「放鬆」の精妙さは後々の身体の運用に大きく関わってきます。

ソバ粉にした次の工程は、水を加えながら練り込みます。

これは、太極拳では意念をもって套路を練る工程です。

この時には、身体のリラックスを妨げる「形を正確に覚える」ことや身体を拘束させる「正確な姿勢」は、身体の「放鬆」の修得を妨げるものにしかなりません。

弛緩と放鬆の比較

弛緩

目は瞼重く、なんとなく眠たげ。手は〝脱力〟によりだらんと提げられたようになる。

放鬆

目はむしろ〝覚醒〟した相を示す。全身を支配しているのは〝脱力〟ではなく〝解放〟であり、両手は自然に開いたような勢を帯びる。いつでも瞬時に勁が発せられる状態。

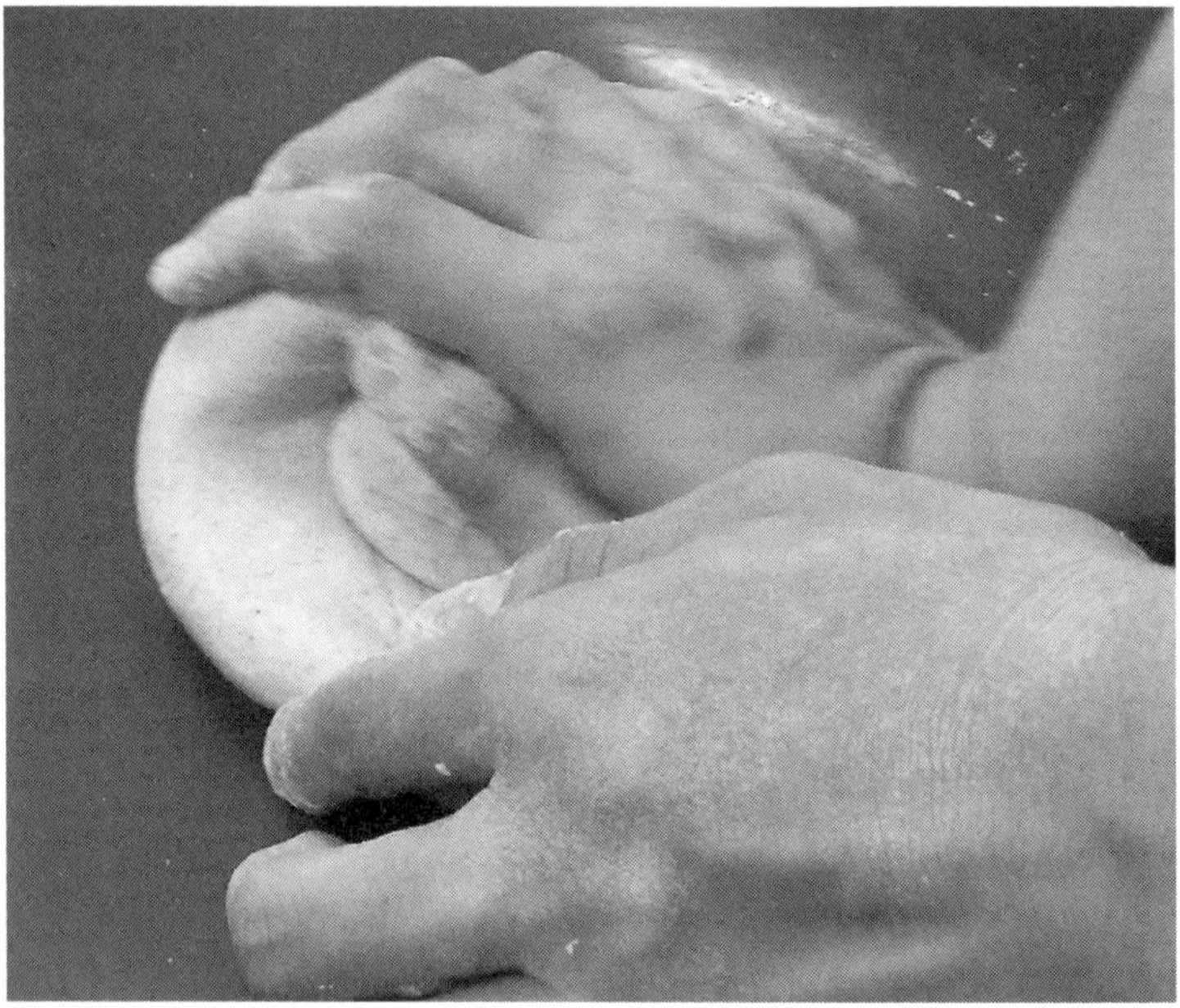

ソバの場合、まずはすべてを練り込み、粉を一つにまとめてつなぐことが大事でしょう。

太極拳も同じで、一挙手一投足、バラバラに覚えるようにすると全身体は一つの集合体にはならず、全身集合の下で体感出来る協調一致の「勁」を練習することは出来ません。

「放鬆」というものの実現には、身体と心の解き放ちが大切で、身体が制御されるほど心はそれに縛られ実現は遠ざかり、感じ取ることは出来なくなってしまいます。

では、どのように練習すれば「放鬆」は体得できるのでしょうか？

まず第一に、全身をリラックスさせ、筋肉や節々を解放させるための準備運動や基本功を日々行うことです。

第二に、太極拳の套路を規格や形や細かな手足の動きに囚われず、大らかに、気持ち良く動くことを心掛けて己の体を運びます。

もし師が生徒に「放鬆」を得させようと誘導していれば、その模範となる套路を見ながら真似をすれば、早い時期に必ず「放鬆」へと導かれます。

このように「放鬆」を学習する段階に套路の正確さは無用なものなのです。

身体と心の解放を阻害する緊張と拘束をわずかでも起こさせる要素をなくせば、速やかに「放鬆」は実現され感得されるものだからです。

4 「勁」の始動「放長」

「放鬆」が一定の段階に到達したら、次の課題は、「放長（ファンチャン）」を意識的に行う練習へと移行します。

この段階では、すでに身体の無駄な緊張や節々の硬さが取り払われているはずですので、運動を伸び伸びと行うようにします。

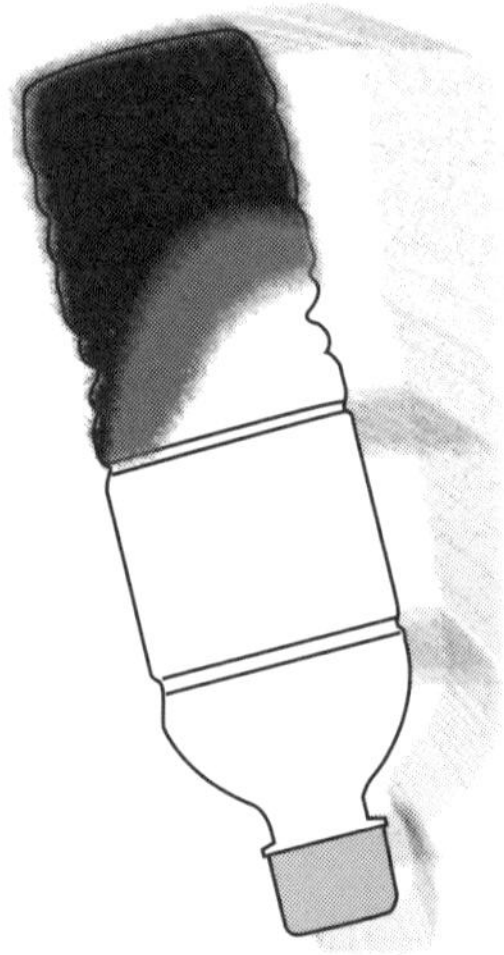

すなわち大きく全身を開き、解放感を味わいながら、内部に「勁」の流れを導き出す練習に入るわけです。

「放鬆」の練習を長く積むだけでも深まると「流れ」を感じられますが、それは微風のように弱くて流れを明確には感じ取れません。

ですから「放長」では、身体の展開を大きく、運動の方向を明確にハッキリとさせ、運動が自然に無理なく加速させるようにすることで「勢い」を得るのです。

例えばペットボトルの中の水は、ユックリ左右に動かせば、わずかに左右に動く程度ですが、速く左右に振れば、水は急激に左右に移動して外殻のペットボトルをも突き動かすまでに感じられるのと同じ原理です。

これが「放長」を行う目的で意義でもあります。

それでは具体的な、身体の動かし方から「勁」の現れ、そして「勁」の性質まで私の体感からご説明します。

全身体の運動は、必ず足下から手先まで、運動が伝達するように動かします。

このとき「放鬆」が十分に体得出来ていればロボットダンスのようなカクカクと移動するような動きにはならず、水が流れるように滑らかにスムースに身体は運ばれるはずです。

無理なく軽々と身体を運び、まるで鞭のしなりが次第に勢いを増すように、足下から手指先まで運動が自然に伝達するようにしなければなりません。

各節々も、運動の伝達を無理に通す！ようでは「勢い」は殺されてしまいますから、基本練習で各関節は、存在がない！くらいまで開かれ円滑な状態になるまで訓練されていなければならないのです。

このような、水が流れるように、風に旗がたなびくように、鞭がしなり勢いが加速するように、一気呵成の身体の動きは、まさに「勁」が身体を貫通した状態と同様なので「勁」を呼び覚まし発現させることができるのです。

一条の貫勁

ここでは分かりやすいように螺旋運動の流れを単純線で表している。まずは勁が全身を貫く1つのラインを明確に作り、それを感じること。足を基点に、そこから手までを貫くラインをしっかり意識する。

掩手肱捶（エンシュコウスイ）

背折靠（ペイジョウカオ）

放長（ファンチャン）

中盤（チョンバン）

動きの中で、「一条の貫勁」を意識。足下から指先まで運動を伝達させる。「足の力を力で運んでいく」のでなく、「足下で起こった運動が何の邪魔も受けず全身を通っていく」ようなイメージ。明確な方向性を作り、勁を流すイメージをもって意識的に大きく、伸ばすように。

1

2

3

白鶴亮翅（パイホーリャンチー）

ここでは分かりやすいように螺旋運動の流れを単純線（太矢印）で表している。

鶴の羽ばたきを意味する名を持つ太極拳動作。手を大きく開くように動かし、明確な方向性を作る。

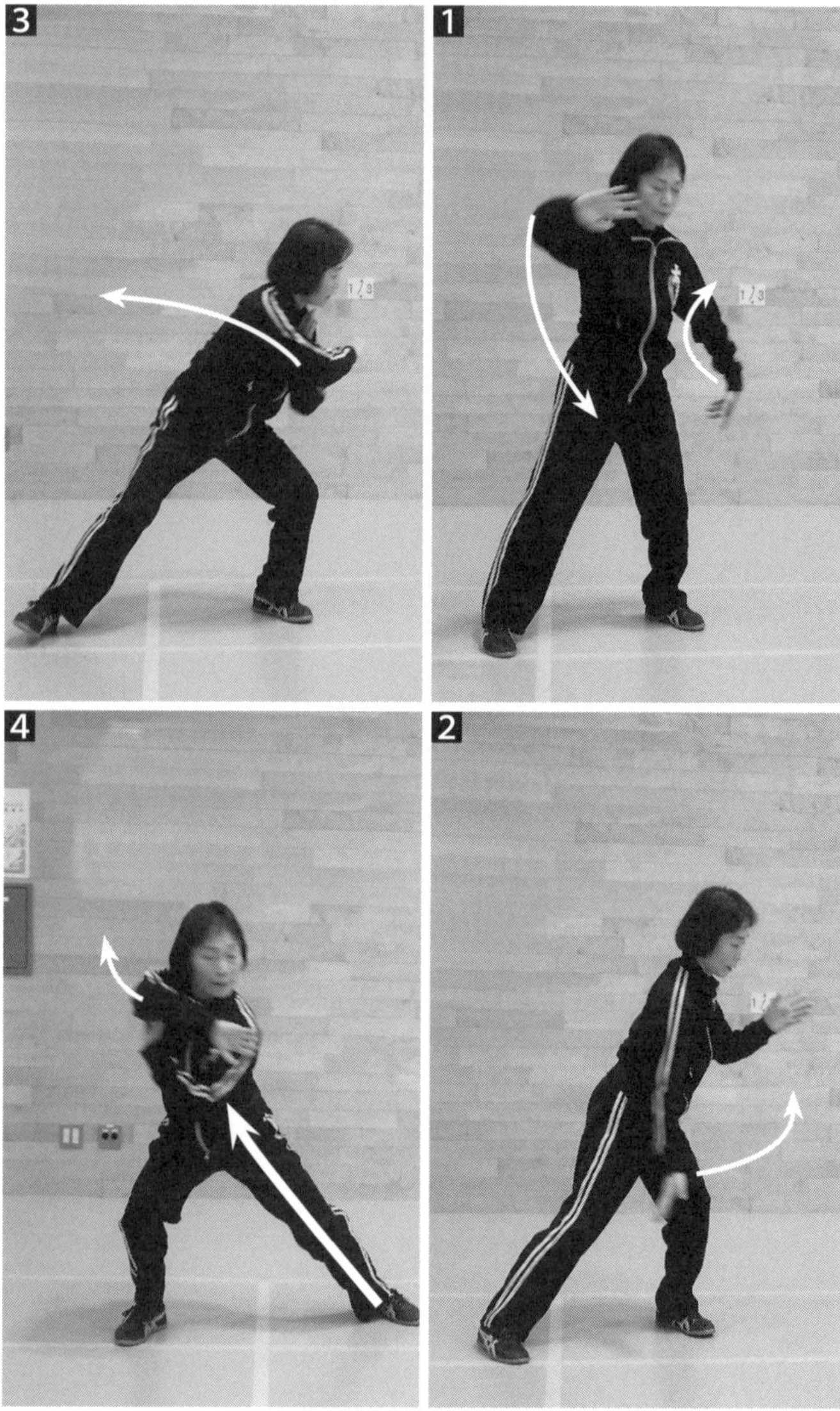

5

6

7

全身を展開させる。

5 「勁」は勝手に加速する

これまでの説明で分かるように「勁」はただ身体内での伝達運動に他ならないのです。それも、鞭の柄を振れば、自然に加速を増す運動エネルギーのような性質のものです。

この、「自然に加速する」という点を知らないととても特異に感じるところだと思います。「勁」を「力」だと考えていると、〝加速力〟を与え続けてやらない限りは、加速していったりはしないのです。

鞭は、その先端が音速近くに達するほどに、運動が加速されることが知られています。もちろん音速近くの高速で振った訳ではないのですから、確かに加速されているのです。しかも、その途中で何か別の力が加えられている訳でもありません。

鞭は、その持ち手を振ることで大きな円運動を起こし、それが先端に伝わっていくのですが、先端に行くに従って回転半径が小さくなっていきます。すると、物理的に言えば「角運動量保存の法則」によってスピードが上がっていきます。フィギュアスケートのスピンで手足を縮めるとスピードが速くなっていくのと同じ現象です。

鞭の先端が高速になるしくみ

鞭を振ると、手で生み出した大きな回転運動が、先端に伝わっていく中でだんだん半径の小さい回転運動に変化していく。回転半径が小さく変化すると、力を足したりせずとも、自然に回転速度は速くなる。

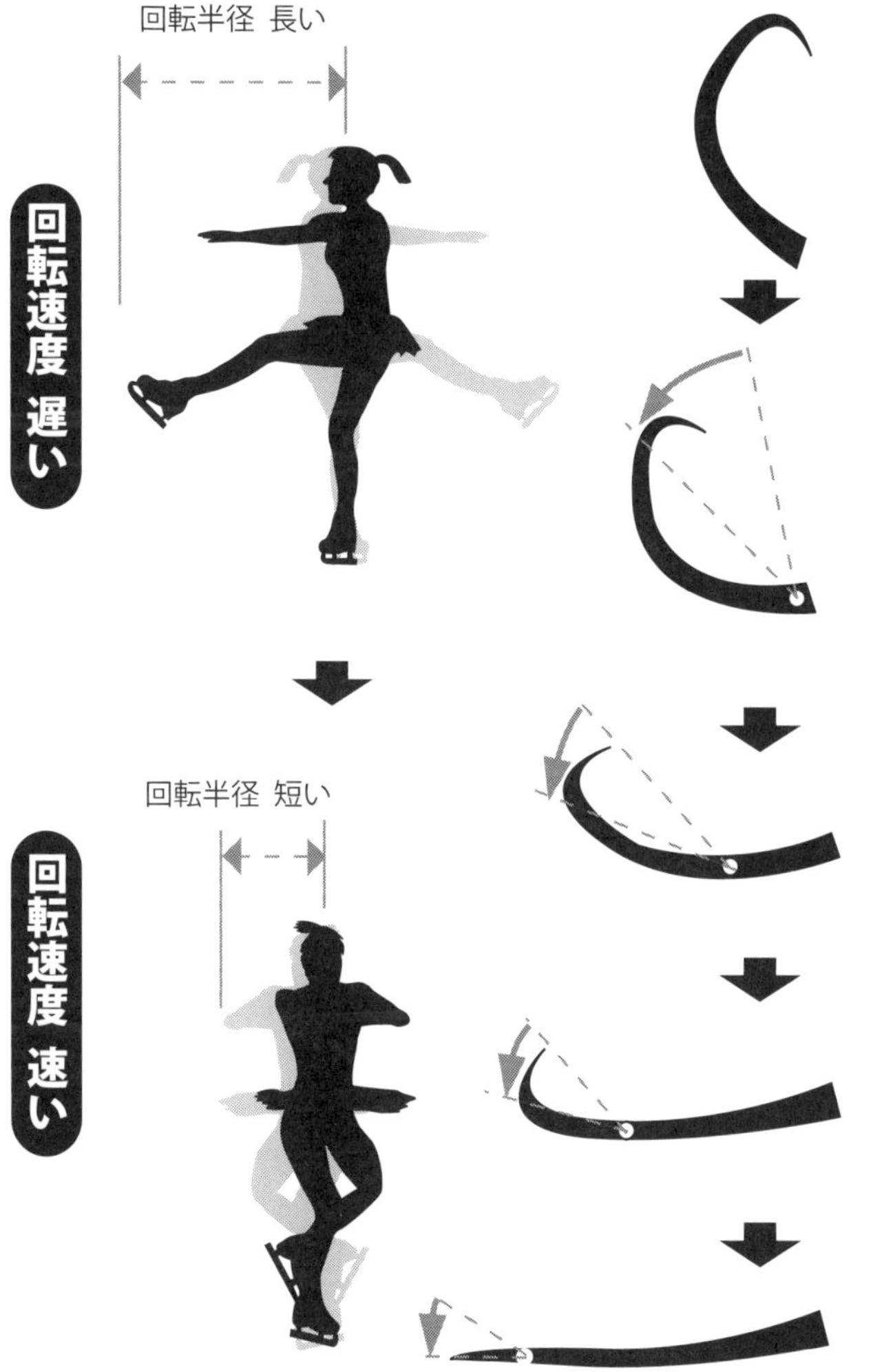

鞭と同様に、「勁」も伝達の過程である種の質転換がなされます。「勁」は阻害するものがなければ加速します。そのメカニズムのひとつは、この鞭のように、足下から起こした「勁」が腿部、腰、身体、腕、手腕、と伝わるにつれ外部運動が鋭くなって行くことによって起こります。

ただし、全身の運動感覚としては、より小さいところにギュッと集約させていくというよりは、むしろ逆の「解放」です。

この「解放」↓加速をイメージするには、水上を走る「波紋」が近いかもしれません。

池に小石を投げ込むと、波紋が広がります。遮断するものがなければ、それこそどこまでも、加速度的にその円は広がっていきます。このように解放的な運動性質を持っています。

筋肉には一切の緊張も、わずかの硬直も起こさせないために、この伝達にブレーキを掛ける働きは皆無で「放鬆」が深ければ深いほど、鞭や水のように純粋に運動を伝達して、中心から、また起点から、外へと加速しながら解放されるように運ばれます。

しかし勁そのものは鞭の内部の運動と同じように足下から全身を貫き、拳、指先という先端に慣性運動が集約されて行きます。

6 形にこだわりがちな日本人

「勁」は伝達できてこそ、意義があるものです。この〝伝達〟にできる限りロスを生じさせない身体を追求するものが「放鬆」なのです。

この〝伝達〟に重きを置く方針は、先に挙げた鞭や水のイメージなどがないうちは、なかなかしっくりこない方も多いのではないかと思います。

そしてこれは、国民性にも起因している話かもしれません。つまり、日本人にとって、そもそも「勁」というものの質がつかみづらいものなのかもしれません。

例えば、師に初めての動きを学ぶ、などという時、どこに留意しますか？　どうもここに国民性が現れるようなのです。

私は以前、北京で馮志強老師に学んでいました。その時、私は限られた時間しかなく異常なほどに馮老師の形と動きにこだわりました。ところが、ともに学んでいた中国の学生たちは私ほど形に神経質にならずに、大らかにただ真似ているのです。動きは固くなく、漠然と馮老師の動きを真似しています。力むのでもなく、精神を集中しすぎるのでもなく、ただただ漫然と老師の動きの後を追います。馮志強老師も、生徒の動きがあまりにも正確でない様に、あからさまに不快な顔をして〝ダメだ！〟というようなジェスチャーをすることもありました。

私から見たら、もちろん老師の動きではないし、手抜きで動いているようにも見え、これならば功力はないと思っていました。しかし、推手をすると簡単にこちらが崩されてしまいます。

当時は、この事実がカルチャーショックで目の前が真っ暗になったことを思い出します。この時の私は太極拳の道理が全く分かっていなかったのです。

「形」は力で取れます。しかし、「勁」は力んでいては伝えられません。

それだけのことだったのです。

日本人は武術の型稽古において「形」を重視し、中国人は套路において「過程」を重視する、などとも聞きます。これは是非うんぬんではなく、学ぶ側の傾向で、文化的な差異だと思います。

ただ、私が経験上言えることとは、型もしくは形の正確さは身体の放鬆の実現の妨げになる！ということです。

勁は流れ動いている中に存在するので、起点から終点までの滞りと力みのない運動が勁の流れを形成しやすいのです。

一度、勁の流れを実感できれば、後は勁の流れを感じつつ、意で勁の方向と流れをコントロールして行けば、流れを阻害する部位や原因が明らかとなり、自分で身体を調整し解消できるのです。

定式（すなわち動作が決まった形）は、この運勁が到達した時点で結果として定まったもので、外形を整えたものではないので、その定式の姿勢だけを直すのは、原因と結果の因果関係をなくしているだけで無意味な事だと思います。

ここがなかなか難しいところかもしれません。どうしても外形から整えようとしてしまいがちなのです。これが「勁」を体得することを難しくしてしまう大きな要因だと思います。「放鬆」は功夫を練るための、そして「勁」を体得するための入り口です。だからこそ、適切な認識をもって稽古に臨むのは大切なことだと思います。

第2章

百錬成剛
錬柔成剛

1 〝練っていく〟とどうなっていく？

前章では、功夫を練るの〝練る〟という事をソバ打ちで生地を練っていく行為に例えました。同じ〝練る〟という言葉を使っているのは伊達ではなく、ソバ打ちをイメージしていただければ、功夫を練っていくプロセスもかなりイメージできてくるはずなのです。

まず、ソバの実を磨り潰してキメの細かいソバ粉にします。これは「放鬆」で筋肉の緊張や強張りをなくし、各節々を開き弛め、「放長」で全身を大きく展開し解放させる、という事に相当します。

次には、ソバ粉に水を加え、練りまとめて行きます、これは、太極拳では意を以て「勁」の流れを促す。すなわち、一勢ごとに運動を足下より起こし手指先まで伝達させるように動作を反復練習する、という事に相当します。

深い「放鬆」状態で全身は緩み、「放長」により動作は自然で伸びやかに運ばれ、外動作が流れるようであれば、内動作すなわち「勁」の流れもやがては感得されます。

ただ、落とし穴が一つあります。書籍などの予備知識が多く、それに囚われていると、速成を欲するあまり無理に勁を運ぼうと、外動作が強引になり自然が失われ「勁」の出現は不可能となってしまいます。

動作には強引さや無理が有ってはならず、動作の流れが自然であれば「勁」は自ずと開通し、日々練習を怠らず積めば、次第に「勁」の実感は明らかとなるのです。しかし、先走った知識は〝自然という道理〟に背いてしまう欠点があります。

ここにまで、すなわち勁の貫串にまで至れば、今までは身体の外動作により「勁」の流れを促していたものが、ここからは逆転して、「勁」の内動作により身体を動かせるようになるのです。これを行うと〝勁〟が身体を突き動かすような感覚があり、体の強張りや節々さえなければ、勁に遠心力が生じ中心から遠ざかるほど加速されながら放たれる、というような感覚が味わえます。

もう少し別の例えをしてみるとFF車（前輪駆動）のフロントにエンジンが有り車体を引っ張る感覚が外動作とすれば、RR車（後輪駆動）のリアにエンジンが有り車体を押し出す感覚、もしくはホースに勢いよく水を流した時に勝手に動き出す、というような感じでしょうか。

勁が体を動かすのは、勢いよく流した水がホースを動かすようなもの。

意で体を動かすのは、テイクバックして（筋肉を伸展させて）から打つ（筋肉を収縮させる）ようなもの、これに比して意で蓄勁を解放すれば、即座に身体を突き動かします。ゆえに〝意と体〟よりも〝意と勁〟の方が運勁がスムースに、発勁した時のスピードが違ってきます。

勁を実感した後は、発動させるのも、方向をコントロールし、手指先に到達させるのも、すべては「意」により行われるために、筋肉の緊張に頼らない事が理解できるようになります。

特筆すべきは、この段階に至ると太極

スピードの違い

通常の筋肉による運動は、〝縮めるために伸ばす〟ような、テイクバックに相当する操作が必ず必要になる（写真右列）。勁による運動は即座に体を突き動かすため、スムースで速い（写真左列）。

勁による

筋肉による

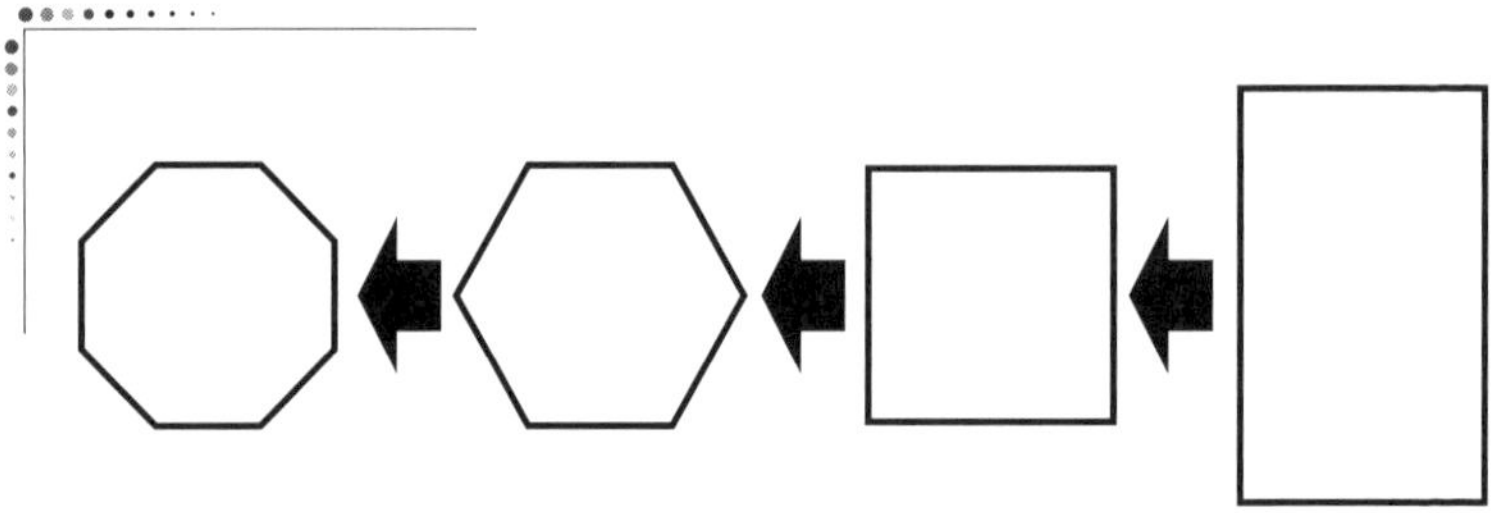

拳の一勢、一勢がとても気持ちよく伸びやかに動け、解放はどこまでも広がるようで、心に無窮の味わいが感じられることです。

その後、長い期間この「放長」段階の練習を練り込む必要があります。

何故ならば、この「運勁」に熟練することで、勁の流れを遮る、不要な強張りや、詰まりや、邪魔をするものは排斥され、勁の貫通はより純粋さを増して行くからです。

初めの「一条の貫勁」の達成では（一条の貫勁とは足下から指先まで一本の道筋のように勁が貫通する意味から、私が称したものです）、勁はただ一方向に一筋の流れとして貫通しているのみですが、この「一条の貫勁」を継続して練習するうちに、これを支える補助的勁の働きが起こり始めます。

ここに支える「勁」や、助け合う「勁」が生じ、主要な「一条の貫勁」とのバランスが図られるようになります。

そのバランスが均衡を持てるようにまで育つと、「運勁」は、次第に全身的に協調し〝まとまり〟の「整勁」へと移行するのです。

すなわち、長方形　↓　正四角形　↓　六角形　↓　八角形、というように「勁」の角が細分化されて行き（各「勁」が、細かく支え協調し合い）、より円形に近付いて行くような感覚です。

この感覚が自覚されると、拳訣の〝全身は一家族〟の、言わんとする意味が身体で分かるようになります。

前記のように、全身の「勁」は、すべてが協調し支え合って働き、もし意が一方向に勁を向かわせれば、全身の勁は前後左右上下を問わず、意が運ぶ方向への主要な勁を、援助し自動的に協調一致し働きます。これが「整勁」の始まりの兆しです。

これは、粉に引かれバラバラだったソバ粉が水を加えて練られ一塊のソバになったように、身体が一つになったと言える状態です！！

しかし、この段階ではすべての勁の協調は、まだまだ緊密とは言えず、不備があり、純粋とは言えず、精錬の域にまでは到達していないために、さらに練り続ける必要があるのです。

ソバが練られることで、密度を増し「腰の強さ」が増すように、太極拳も練ることで「整勁」もより密度と精度を高めて行くのです。

「放鬆」の身体を散開させた「軟」の状態から、つぎに「放長」で「勁」という方向性のある運動の「柔」を得て、それを練りに練り整勁にまで至らせ、さらに緊密度を増し質実な「剛」にまで至らせる。

これが〝百錬成剛〟〝錬柔成剛〟と言われる所以(ゆえん)です。

このように〝練る〟というのは思えば実に的確な言葉で、全体を均質化し、まとめて綿密な状態にしていくような事を、指していると思います。練らないと、これは成りません。身体がそのようにまとまって綿密な状態になれば、結果として、全身がまとまり一体化の動きが実現するのです。ただ全身が連動するような特定の動作を覚える、というのとは違います。地道な鍛錬が必要ですが、その結果得られたものは、そう簡単には失われない、大きな力となるのです。

2 〝練られた身体〟ゆえの戦い方

そうやって練られた身体、勁の運用をもって太極拳でいかに戦おうというのかをここで少しだけ触れておきたいと思います。

太極拳において威力を生むのは、一般的に考えられている運動のような〝筋収縮〟ではなく、〝勁〟の運用です。〝筋収縮〟ならば、筋肉を伸展させて↓収縮させる、というプロセスによって威力を生み出すところ、太極拳は蓄勁↓発勁、によります。ただし、十分に時間をかけて蓄勁し、ためた力を存分に発勁する、というような事をやっていては戦えません。筋収縮による運動システムでも、パンチを引いて↓繰り出す、という一連動作の素早さを練習で追求する訳ですから。

太極拳においては、「欲右先左」「欲上先下」「欲前先後」などの言葉に示されるように、常に目的動作と準備動作がセットになっています。例えば、相手の攻撃を受ける。これは単なる防御動作ではありません。反撃の準備になっており、つまり受けた瞬間に蓄勁がなされているのです。だから、瞬時に反撃に移れます。受けが〝蓄〟、そして即発、というのが太極拳の戦い方です。

プロセスの違い

相手が掴み押してきた時、まずは受け（堪え）、腕を引くなどの反撃予備動作を経てから反撃するのが通常の筋収縮系（写真右列）。太極拳の勁による戦い方は、受けた時点で〝蓄勁〟がなされ、即座に反撃（発勁）に転ずることができる。

太極拳（勁）の攻防

筋収縮系の攻防

し←レ

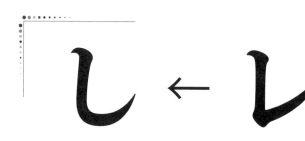

前項で「勁の発動や方向をコントロールし到達させるのは、筋肉の緊張でなく〝意〟によって行う」と記しました。〝意〟によるからこそ、こういう運用が可能になります。〝意〟が〝溜める〟と考えれば、自然に身体全体が〝蓄勁〟に働くのです。

〝蓄勁〟↓〝発勁〟のプロセスは、腕を〝曲げて〟↓〝伸ばす〟などのように2動作では行いません。1動作のうちに〝蓄〟と〝発〟の両方を溶け込ませて行うのです。とはいえ、最初はそうはいきません。はじめは「レ」の字のように蓄発を練習しますが、それをだんだん「し」の字のようになめらかにしていく、というのが修練の方向性です。

時に複数の〝蓄勁〟↓〝発勁〟システムを、複数、時間差で運用させるような事も行います。

こういった〝勁〟の運用を行うという事は何を意味するのか。

それは〝途切れない〟という事なのです。

例えば、表面的には、つまり身体運動的には途切れているように見えたとしても、〝勁〟は途切れないのです。拳譜に言う「形が途切れても勁は途切らせない。勁が途切れても意は途切らせない」です。

いわば、常に意は途切れることなく蓄発運行を行い続け、即、爆発できるような状態をキープし、勁はそれに準じる訳です。「一触即発、一発即止」「穿透勁本入三分」こそが太極拳の実用的眼目です。

太極拳の動作は、すべてが蓄発（穏やかな動きの時は蓄放）を繰り返していると言っても過言ではありません。熟練して身体に蓄発の動作がしみ込めば、意が発を思えば自動的に身体が反応して蓄をして瞬時に身体が自動的に発する、……これだけの事なのです。

こういう〝途切れない〟運用は、はじめはなかなかイメージも湧かないし、どうやったらいいのか見当がつかない、かもしれません。例えば呼吸で言うと、「吐く」と「吸う」には境目が存在しますが、その転換を鋭角でなく曲線にする事で途切れのないようにつなげていく事が可能です。これには、息を吸う時に「吐くために吸う」というような事をやるのです。逆に吐く時は「吸うために吐く」ように考えながら行うのです。

太極拳の達人に触れると、まるで電流か波動か何か、特別な力が常に漲っているかのような、不思議な弾き飛ばされ方をします。それは、このような〝蓄勁〟が常になされているからなのです。

これはいわば、定規のようなものを手で曲げてしならせておいたような状態で、見かけ上は停

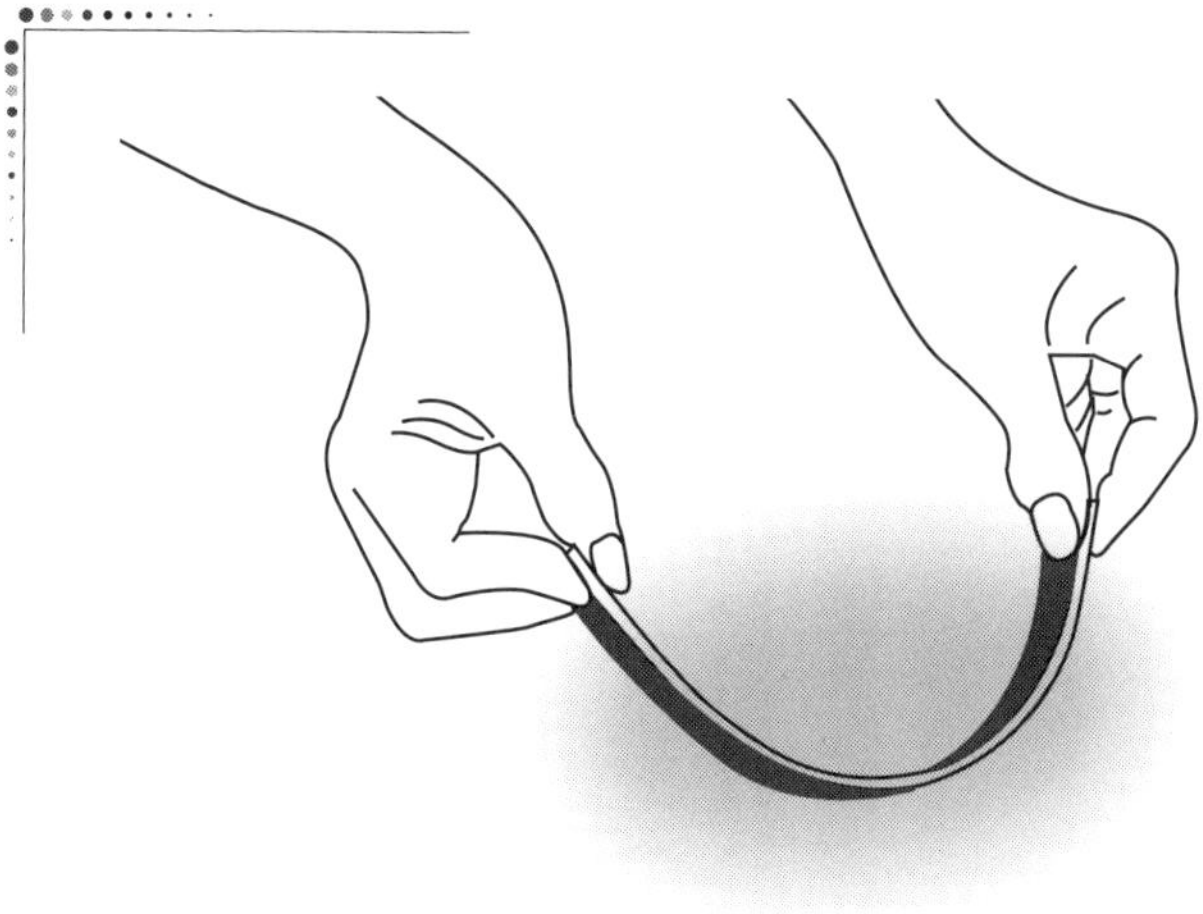

止していてもビン！と戻るエネルギーが内包されているのです。これを太極拳の専門用語では「蓄中寓発」といいます。

太極拳では、全身を弛めて行う化勁（相手の力を受け流す）のときでも、全身に掤（ポン）勁を帯びさせますので、知らない人が触れると抵抗の力が働いているように感じるかも知れません。これは、例えば常に全身を力ませているとか、常に一定の力を維持している、というよりは、常に全身の協調性が働いている状態、という感じです。「力んで固めている」のでなく「自分を失わせない統一的身体」すなわち「整勁」状態なのです。

これができてくると、全身は協調して助け合うために、ある種の連なる張りのような感覚が得られます。

〝練れてくる〟と、身体は確かに変化します。動かし方が上手くなる、というようなレベルでなく、確かに身体が物理的に変化するのです。次項では、その変化についてご説明したいと思います。

3 練るほどに起こる身体の変化

先に、「放鬆」という身体を分解させてから、つぎに「放長」の身体展開で「勁」という柔を得て、その柔を練りに練り「整勁」にし、さらに練り続け強靭になるまで精錬する、という〝百練成剛〟〝練柔成剛〟の概要を紹介しました。

本項では、〝百練成剛〟〝練柔成剛〟の各論ともいうべき身体の具体的な変化について細かく論じたいと思います。

「放長」による勁の貫通が実現出来た後には、「運勁」は起点から落点まで明瞭に貫通する勁、すなわち足下から手指までの一方向の「一条の貫勁」が実現され、この体感の後、練習が久しく継続されると、次第に身体にはそれを支える補助的な働きが起きてくることは前に説明しました。

これを分かりやすく例えを以て説明すれば、身体を右に傾かせれば、倒れないように右足が支えるように、それをサポートする身体の筋力の自動的な働きを促すのです。

「放長」での運動域は大きく、方向も明確に運ぶために、このような支えるための運動及び筋力が自動的に働くのです。

さらに「放長」下での大きく展開する伸びやかで明確な全身運動による久しい練習は、「一条の貫勁」の実現のもとで、無意識に自然に「筋繊維」の働きを促し、養う効果があります。

このような身体を大きく伸ばす状況で働く「筋繊維」は自然に強化され、主要な一条貫勁の外側に張りを持つ強さとして実感され〝骨格をも支える〟ような感覚が増すようになります。

この強さは固い感覚ではなく、鞣革(なめしがわ)のような、しなやかで丈夫な感じで、四肢を展開（すなわち太極拳の開動作で展開）したときには、左右の腕、左右の腿、身体の間に張りのある感覚が生じ、さらに長い熟練を積むと全身に連なった張りを覚え、支えられるような感覚を生み出さし、やがては弾力性を持つようにまでなります。

ここで「筋繊維」と表現しているのはあくまでも私の体感によるものであり、力んで固まる筋肉の感覚とは異なり、一つながりに働き合う筋組織的な感じから、このように表現しているものです。これは全身を放長し大きく伸びやかに展開させた「伸筋」（〝筋〟を伸ばす意。次項で解説。）練習の継続がなければ体感できにくい感覚です。何故ならば筋肉は「力が入ると縮む」働きが強

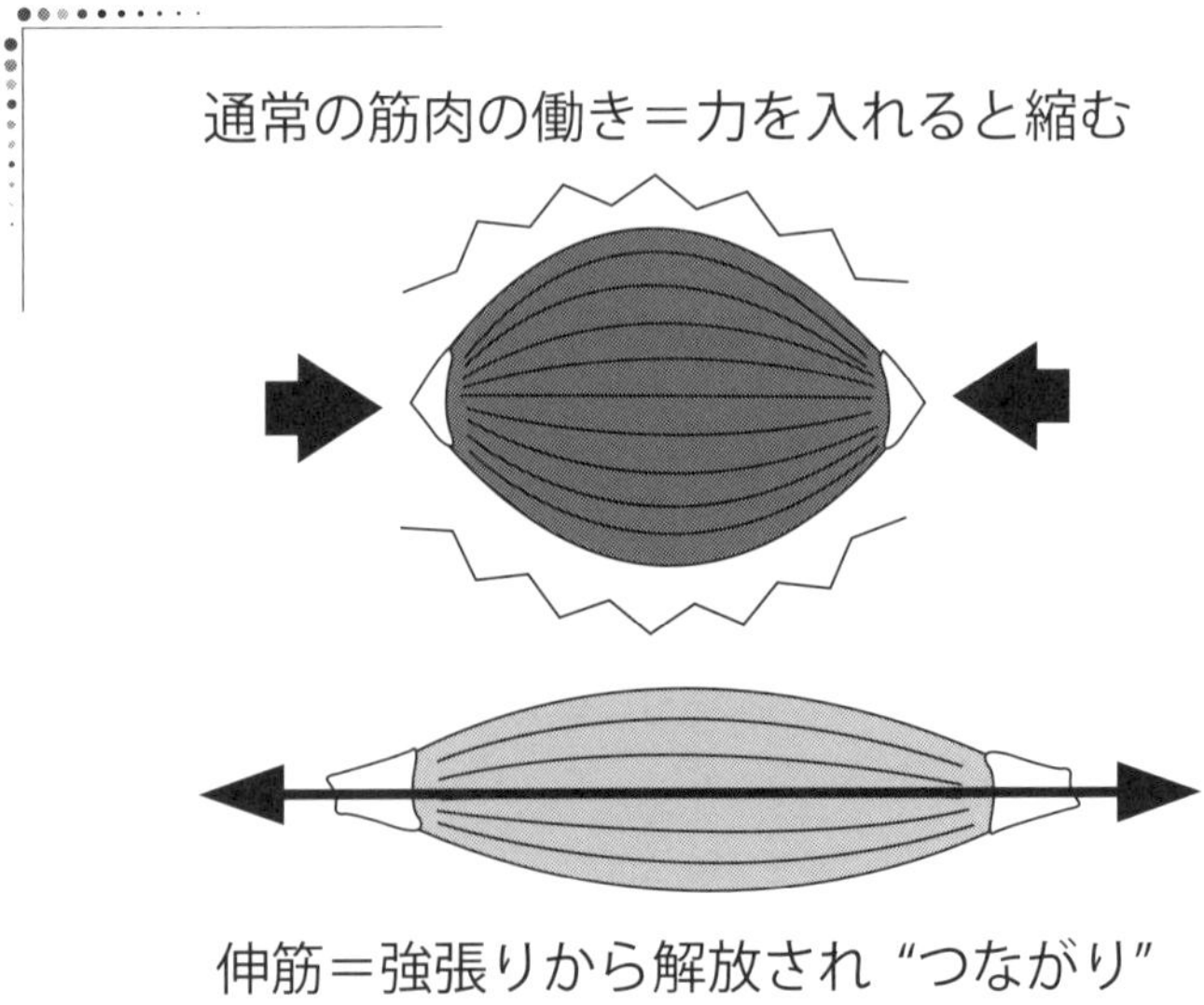

いからです。
「伸筋」はあくまでも筋肉が強張りから解放され、各節の可動が自在に開くようになったときこそ最大限に働き、その感覚を味わえます。これが「旧勁（筋肉に頼る力）が去らなければ新勁は生まれない」と言われる一つの要因でもあると思います。
この段階では、内側には「一条の貫勁」のスムースな運行を妨げずに、外側には鞣革の張りの感じが次第に生じてきます。
放鬆も放長も実現できず、運勁も明確にできず、また長年の熟練を経なければ、このような身体上の感覚変化は訪れません。私の場合は、修行に紆余曲折があったために、この実感を体得し明らかに把握するまでに30年ほどの時を必要としてしまったのです。

さて、「筋繊維」というのが私の個人的な体感である事は先に述べた通りですが、これはいわゆる〝筋肉〟という意味合いで用いているのではありません。〝筋肉〟というよりは〝筋〟です。その事について次項で少し触れたいと思います。

4 〝筋〟について

「伸筋」という言葉は、一般には〝関節を伸ばす筋肉〟という意味で認識されています。しかし、中国武術においては〝筋(すじ)を伸ばす〟という意味で使われます。

ではこの〝筋〟とは何なのでしょうか？

この語は沖縄空手等でも使われています。なお、いわゆる「筋肉」とは別のものです。中国において日本で言う「筋肉」には「肉」や「肌肉」などの語が使われ区別されます。

〝筋〟は、簡単に言ってしまえば、全身の〝つながり〟を為す構造体を指しています。「経絡」等のように、物理的実体はないが実効的、感覚的に導き出されたもの、でもありません。組織としては、腱、靭帯、筋肉です。ただし、運用にあたっては「筋収縮」は〝つながり〟を阻害して

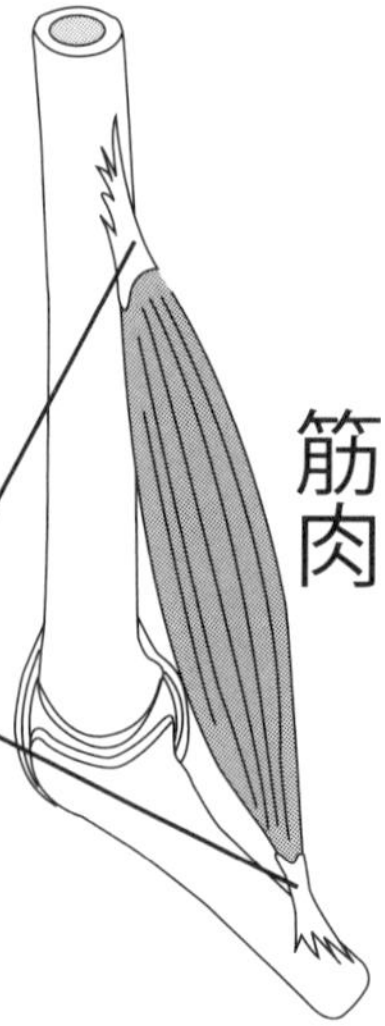

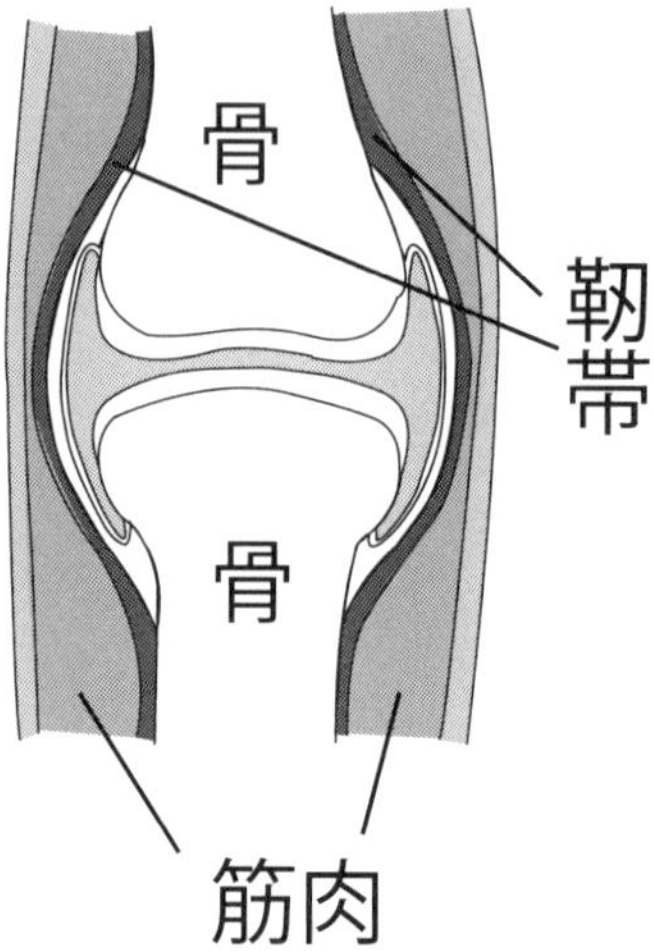

しまうため、意識としては腱、靭帯を中心に考えます。前項で「筋繊維」という言葉で指していたのは、この、全体としての〝つながり〟を為す構造体の事です。

腱は筋肉の端部であり、骨と筋肉とをつなぎます。靭帯は骨と骨とをつなぎます。

腱、靭帯は関節周辺にあり、まさに組織として〝つなぐ〟役目を果たしています。あらゆる腱や靭帯が有機的に機能する事は、全身がつながるための必要条件と言えるでしょう。

「放長」での伸びやかで明確な全身運動によって、全身のつながりは強化されます。先に〝鞣革〟と表現しましたが、その強化されていく様は確かに物理的実感を伴います。確かな手応えを感じつつ、修練を積んでいけるのです。この〝強化〟とは、修練が筋収縮を中心をしたものではないため、筋肉が太くなる事よりは、腱や靭帯が強化される事を意味しています。

腱や靭帯が強くなる、という事にイメージが湧かない方も少なくないでしょう。しかし、当然ながら腱や靭帯も鍛えれば強くなっていく組織です。

一般に、筋肉はいわゆる筋トレなどの〝筋収縮〟を繰り返す事により、筋肉の繊維が太くなり、それをもって「強化された」と解釈されます。一方、腱や靭帯は〝引っ張られる〟事で強化されるのです。

腱や靭帯は大部分がコラーゲンから成り、細胞を多くは含みません。自ら収縮する事ができない組織であり、だから筋肉のように目に見えて太くなっていかないのですが、実は筋肉の発達に伴い、〝引っ張られる〟という刺激によって強化されていくようになっています。例えば、筋肉が収縮運動を行えば、それはそれで腱は引っ張られる事になります。その引っ張り負荷が腱を強化していく、というのが発達メカニズムの一つです。つまり、腱や靭帯は引っ張られる事によって強くなっていくのです。そして「放長」は筋肉を伸ばしつつこれを行っているのです。

また、筋肉自体も、〝筋収縮〟でのみならず、伸ばす事によっても発達する事が最近の研究でわかってきています。〝筋収縮〟とはまた違った刺激が、筋肉肥大を促すのです。つまり、〝伸ばす〟という動きは筋収縮を伴わず、よって全身のつながりを成立させつつ、その構成組織たる腱、靱帯、筋肉を同時に強化していくのです。

外家拳では、学習のはじめに「伸筋抜骨」すなわち「筋を伸ばして関節を開く」ことを練習します。

また、少林寺には「易筋経」という筋を強化して身体を丈夫にする経典が伝わっていると言われ、少林寺の武術はこの筋を強化する事が力の根本とも考えられているようです。

一般に、腱や靱帯という組織は多くの人の場合固まっているそうです。そもそも腱や靱帯という組織は材質的に伸びにくいという性質をもっています。関節を防護する役割も担っているためでもありますが、例えば、「放鬆」のような〝関節を開く〟ような事を意図的に行うことは、一般にはまずありません。これが、多くの人の腱、靱帯が固まっている一つの大きな原因だろうと思います。

参考までに、次ページに掲げた写真は日本最古の整体書とされる『骨継療治重宝記』（1746年）に掲載されている「筋絡図」です。

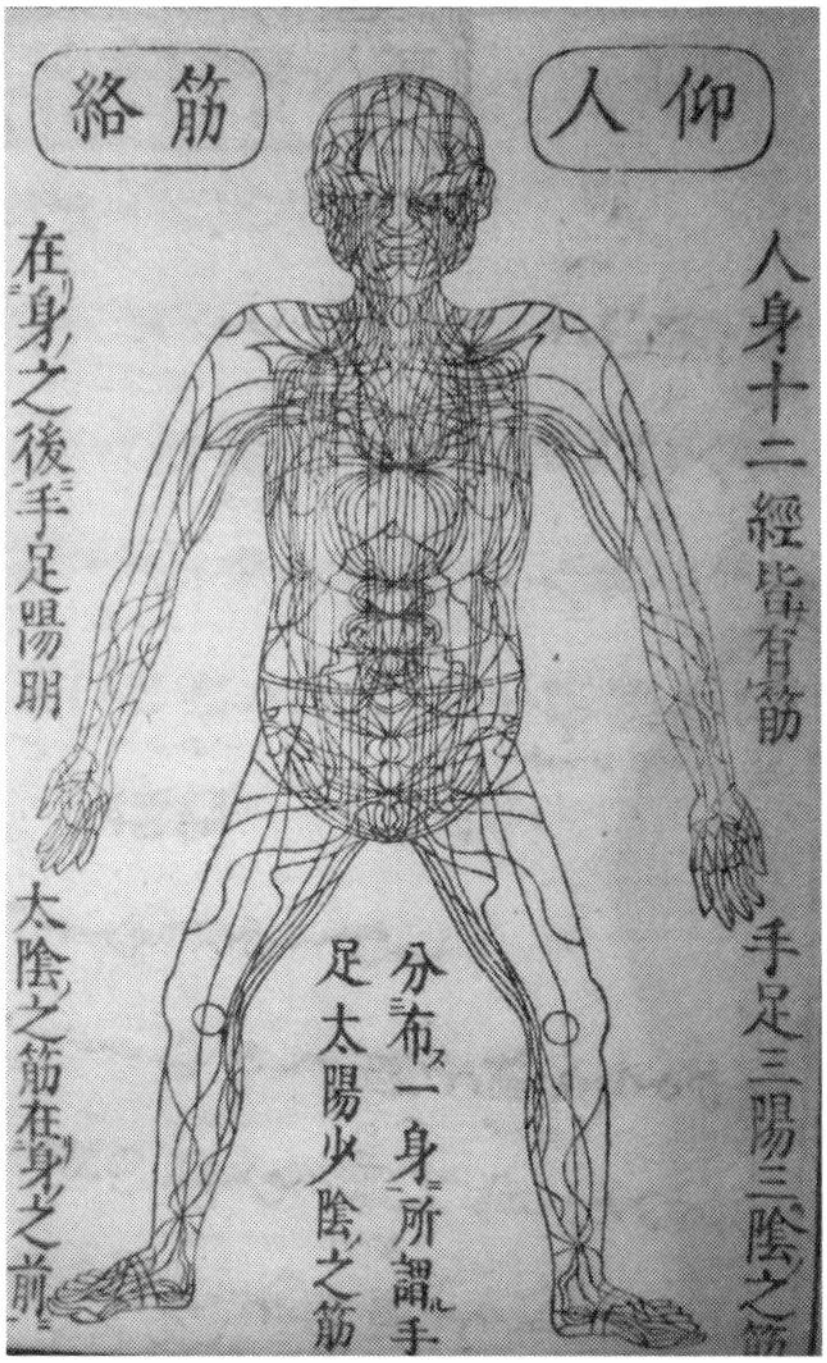

筋のつながりを示している「筋絡図」。（『骨継療治重宝記』（1764年）より　島津兼治氏提供）

まっすぐに走行する経絡と違い、らせん状にうねる筋肉の走行を反映しています。つまり筋肉のつながりを表しているものです。

おそらく中国から日本に伝わった概念だと思いますが、解剖がほとんど行われていなかった江戸期の日本にこのような考え方が存在していたのは非常に興味深い事です。

また近年、トーマス・W・マイヤース氏による、筋肉の働きを〝つながり〟でとらえる「アナトミートレイン」という考え方が広く浸透してきています。西洋も東洋も、人間とい

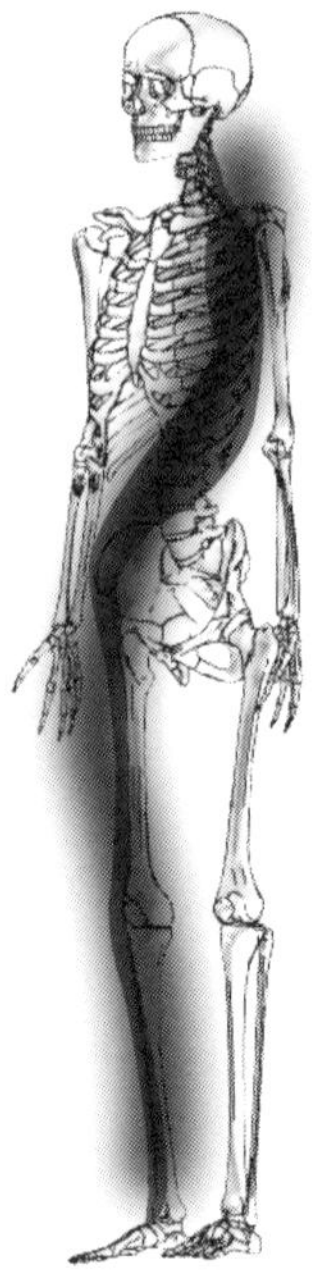

筋肉を〝つながり〟でとらえる「アナトミートレイン」という考え方が近年急速に浸透してきている。（図はらせん状のつながりでとらえる「スパイラル・ライン」）

う存在を見つめる目が文化の別を問題にせぬほど深く、そして一致をみるようになってきているのかもしれません。

〝つながり〟の意識は〝ライン〟に近いものです。

先の写真にもあるように、全身にはさまざまな〝ライン〟があり、それがさまざまな動きに応じて、表出、意識されます。

筋は〝ライン〟です。そして改めて記しますが、物理的に実体を持つ組織であり、物理的に強化されていく実感を持てるものです。筋を伸ばし、つながりを為し、かつそれによっ

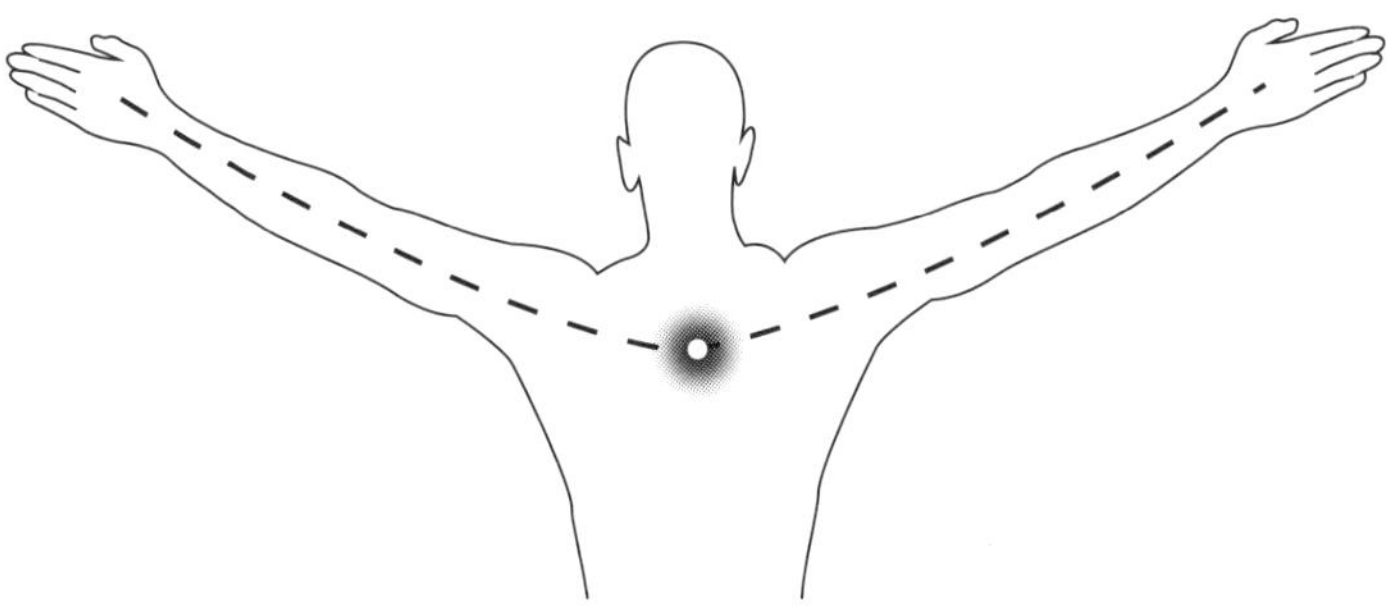

て強化されていく、という過程を、ぜひ実感を伴わせつつ積み重ねていってみて下さい。

5 生まれ育つ"つながり"

熟練により「一条の貫勁」の運びも明確になり、勁の貫きが磨かれてくると、それを支える勁が働き始めると先に述べましたが、具体的に腕の貫勁で説明すると、これまでは足下より片方の手掌に貫通されていた勁ですが、次第に反対の手掌が補うように働き始め、やがて「左右の腕」は、一つながりになった感覚で働き合うようになり、両腕をつなぐ背中の部分に中心点が自覚出来るようになります。さらには「左右の腿」も、これまでは片方の腿の働きが顕著でしたが、両腕と同じように、股でつながり合う感覚が生まれ、共に通じ、支え合い、連動する働きが自覚され、この協調一致は両腿部をつなぐ股間の円腨(エントウ)の中心部の働きを明らかにさせます。

このように「放長」による「一条の貫勁」が実現されれば、次第に他の必要とされる勁の働きが促されるのは必然で明らかな事です。

この両手・両腿の勁の貫通が実現されれば、さらにはこの両者をつなぐ身体の幹の働きが必要とされるのも自然の成り行きであり、久しく練習を積めば上肢下肢をつなぐ身体の貫勁も自然に働き始めます。

すでに「一条の貫勁」で実現されていた身体の貫勁も、両手・両腿の間の貫勁実現に伴いシンプルな貫勁からデリケートな貫勁へと働きが進化します。

熟練を積めば、やがて全身体の自由自在で極まりない貫勁を行えるようになります。ここに至って、歌訣の〝一動全動〟〝運勁如九曲珠〟の真の妙を味わうことが可能となります。

これらの行程を「放長」で行う限り、先に述べた「筋繊維」も働き、日々の練習により積めば積む程、養われ強化され続けます。

勁が全身をデリケートに貫きつながるように、筋繊維も全身でデリケートにつながり養われます。

例えば、両腕の筋繊維はつながり働きながらも、身体の太い筋繊維ともつながり働き合い、それは両腿の筋繊維の働きともつながり合います。それはネットワークのように連なり全身を一つに結び付けるのです。

これは、強化されると四肢の骨格と脊椎をも支える（筋繊維）の感覚が明らかになり弾力性を帯びてきます。

まさに拳訣にある〝身に五弓を備える〟が体感されます。

これらの実現は、樹木の生長と同じように、日々その発育を確認でき実感できないことが欠点です。一本の木は今日明日の大きな変化を見ることは出来ませんが、日々の生命活動を繰り返す限り、数年後には幹は太り枝葉が多く茂るのを見、長い年月の後には大木となることを見ます。

太極拳功夫とは、このように養われ育つのです。

6　つながりの要〝丹田〟

ここまで〝百練成剛〟〝練柔成剛〟の身体の具体的な変化について論じてきましたが本項では力学的な身体の運用から、太極拳に必須の「丹田」について論じたいと思います。何故ならば「丹田」も身体の変化に含まれる要素と考えられるからです。

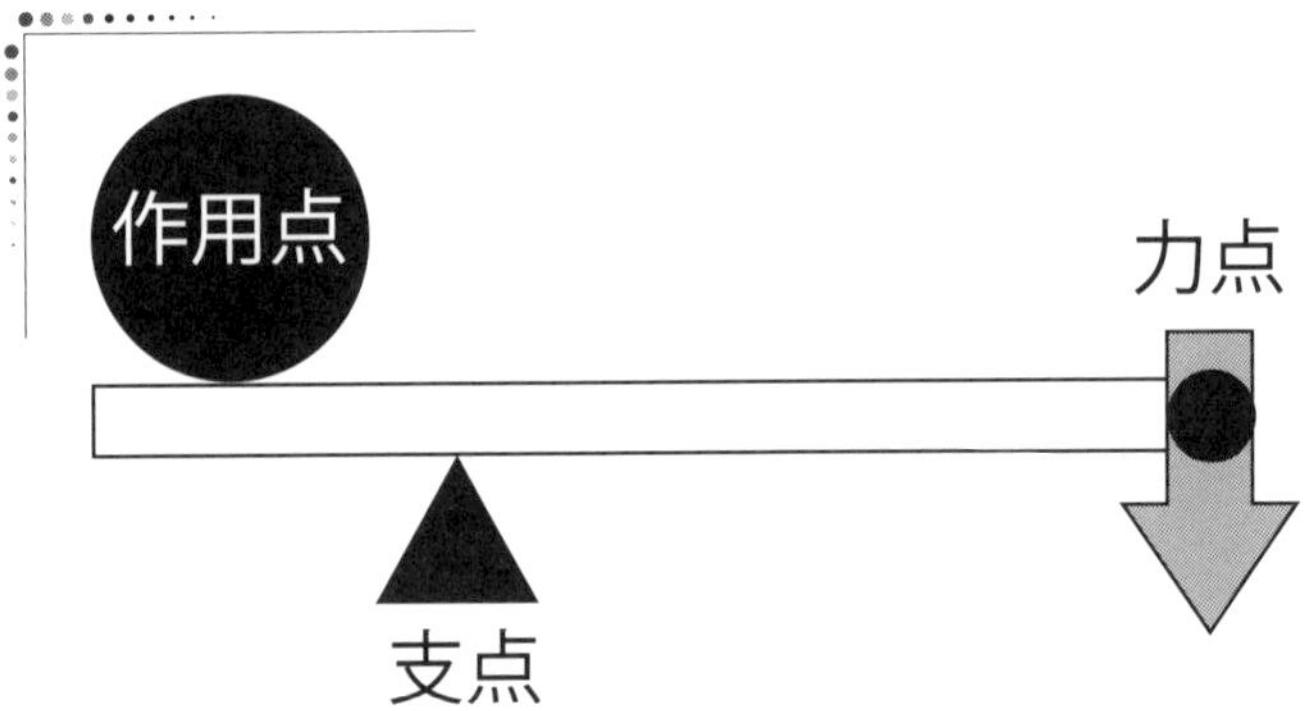

丹田は古流武術や道教で用いられる用語ですが、私の体得から考察整理して以下に紹介します。

足下から発した勁は、下肢を通して腰に至り、腰の働きにより身体（脊椎）を通して、肩関節と肘を貫通して手指先に至ります。この「一条の貫勁」の実現から力点〜作用点という関係性の働きが明確に実現されることになります。この運用により梃子（てこ）の働きが生じ自ずと支点が発生することになるのです。

この支点の発生こそが古来から武術家が提唱する「丹田」の体得の始まりです。

梃子の原理では上掲の図のように三点が存在します。

「足下から手指まで貫通する一条の勁」の実現により、そこには梃子の原理の図にある一本の棒と同じように、力点と作用点をつなげていることが明らかになります。

これは実感できることですが、一条の貫勁を放長要求を明確に久しく練習すれば、そこで力点と作用点をつなぐ筋繊維が養われ強化されますが、これは日々繰り返し練習することで、明確な運勁のもと筋繊維がある一定の強さに至れば、身体には力点と作用点の中間点に「支点」としての働きと存在が自覚されるようになります。

この支点は身体上では腰下腹部分に当たります。

その後の練習の継続でこの部位の筋（すじ）及び肌肉群（腹筋群や背筋群）も次第に養われ強化されて行くことで実感は顕著になってゆきます。ここでも確かに身体の物理的変化が訪れるのです。この段階では、丹田そのものが確立したのでなく、必要な要素の一つが作られ始めるのです。すなわち丹田の鼎器となる腹筋群や背筋群が強化され始めるのです。

初めに一番強く実感されるのは脊椎腰背部両脇の筋です。他に、身体を屈めたり、仰向かせたり、横に倒したりする身体の伸筋運動で、前部、両側部の筋も次第に養われ始めますが、これらは背骨両脇の筋より実感できるのは遅いでしょう。

なお、一般に丹田とは臍下三寸の下腹の一部分を指すという認識が多いと思いますが、私の実感では、太極拳で用いる丹田とは〝腰下腹部（腰腹部と下腹部の全体）〟を指しています。

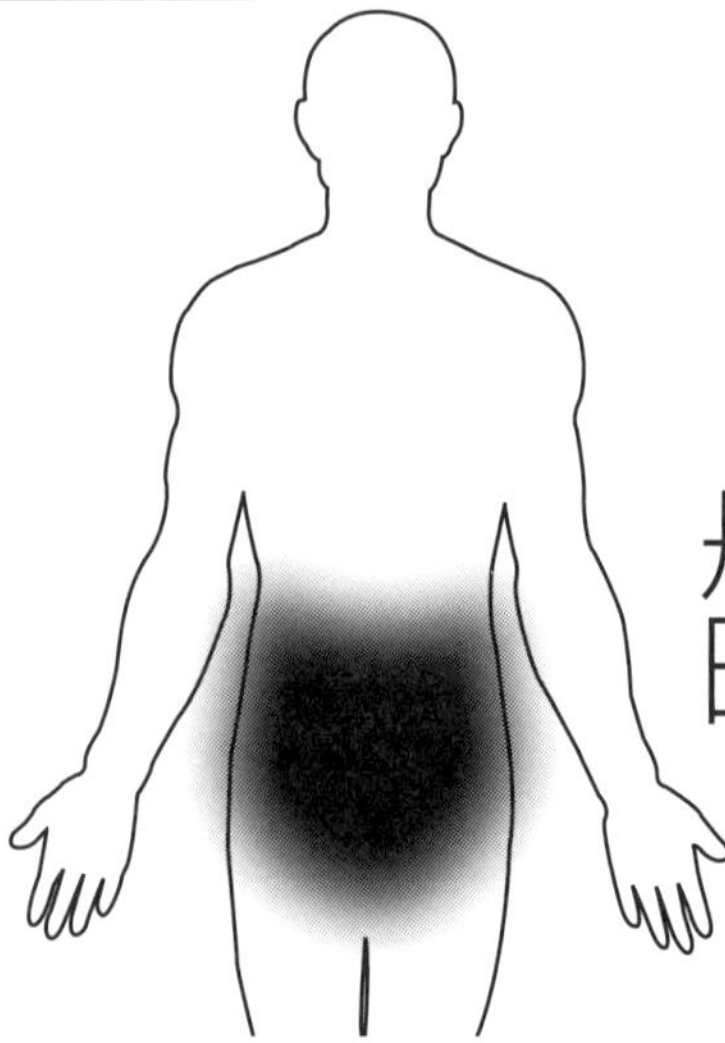

一般に丹田は臍下三寸の位置のごく狭い範囲を指すと認識されているが、太極拳で武術的に用いる丹田は、腰下腹部（腰腹部と下腹部の全体）を指す、というのが筆者の実感。

この腰下腹部は套路上で「あらゆる方向への全身運動の要」として働くので、前、後、側面が全面的に養われ、自由自在の変化に対応できる丹田の外殻が確立されて行くのです。

この養われて強化された腰下腹部は、下肢と上肢を結び付け、支え、効率よく働かせる「合力※」とでもいうような存在となります。

※ここでの「合力」の表現もあくまでも私の感覚的なもので、下肢と上肢の勁を結び付け合わせるような感覚からこの表現を用いたものです。

次はさらに一歩進んで丹田の更なる養成について紹介します。

太極拳運動では手腕の運動は弧を描いた太極圏を形成します。「圏」というのは日本語で用いているニュアンスと少し違って、〝囲い〟、〝丸い線〟、〝間合いの内〟といった意味合いを持つ立体的な概念です。太極圏は「太極陰陽図に順じるように、両手は圏を描いて動くという事です。

太極圏は、平円、立円、斜円、すべてが円転から離れず運行されます。

この基本を遵守して套路を長期間練習して熟練すれば、これに伴い身体の働きの中心である腰下腹部にも自然に円転の動きが誘発され、手足、身体、と同調して立体的回転運動が行われるようになります。

やがてこの円運動は平、立、斜のすべてを包括し、立体的な球体運動へと移り変わります。すなわち、これが「丹田内転」の体感の始まりです。

ここまで「丹田の体得の始まり」、「丹田内転の始まり」としているのはこれ以降に、「貫勁」→「整勁」へと日々の練習中で移行しながら養われ続けるため、完成ではないからです。

初めは「一条の貫勁」だけを求め、単純な支点の働きの腰下腹部の伸筋を育てるべきです。し

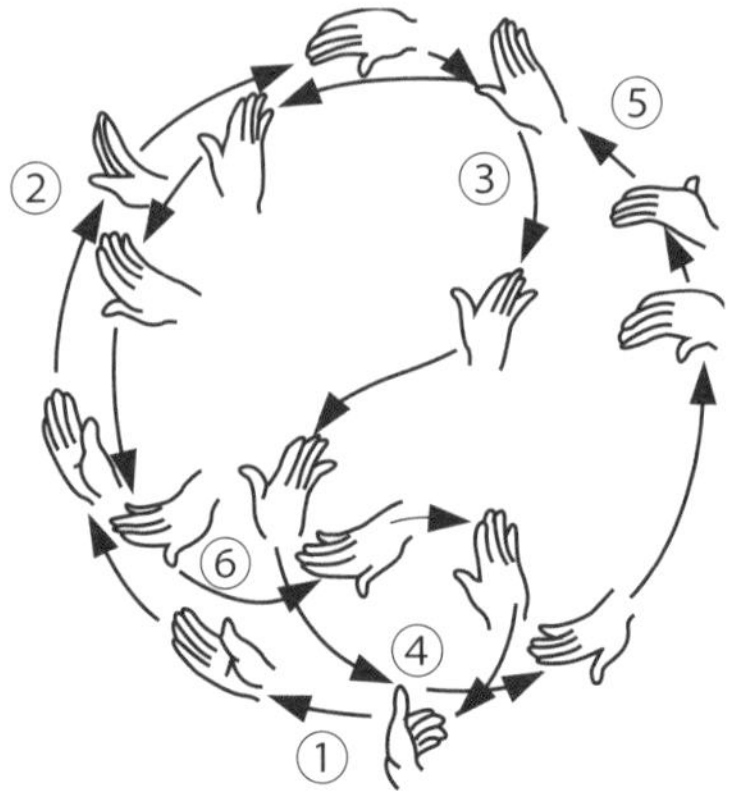

かし修業が進み、全身体がこの「一条の貫勁」の働きを助ける他の部位の働きが顕著になるに従い全身の勁は協調し合い、次第に複雑になって行きます。

さらに上記の圏の自在な旋回旋転運動も活発になり、これに伴い身体には動きの自在さを阻害する不自然さが自覚され、腰下腹部は必然的に全方向角度すべてに応じて働く必要が出てきます。これは全身体運動の必要性からくる自然な要求です。

この時点から、腰下腹部はただ一方向の働きの支点としてだけではなく、全方向に勁を通す〝ジョイント〟としての役目も果たすようになって行くのです。

もし時間をかけて「一条の貫勁」を練習して来ている場合は、長年の勁の運行に伴う筋繊維の強化がそれなりに丈夫になってきているはずです。

この丈夫になった支点部位（腰下腹部）の筋繊維が

あれば、さらに上肢と下肢をつなぎ勁を伝えるジョイントとしての腰下腹部が回転運動を行える強度的準備が出来ているのです。

この熟練により支点として自然にかかる負荷は腰下腹部のジョイントの自在な運動により、まるでソバ粉が練られるように次第に腰下腹部全体を養いさらにより強化して行くのです。

7 功夫を得るプロセス

丹田を取り巻く筋組織群が養われ丈夫になる経緯はご理解いただけたかと思います。丹田や功夫というと、外からは見えない中の事とばかりに、とかく抽象的に扱われがちなところがありますが、太極拳においてはその練っていく過程で確かに身体の物理的変化が訪れるのです。

ただし、改めてお伝えしておきたいのは、〝筋収縮によって繊維を太くする〟ということをただやる訳ではないという事です。

丹田というと、グッと腹直筋あたりを収縮させるような事をやってしまう方は少なくないのではないかと思いますがそれではないのです。

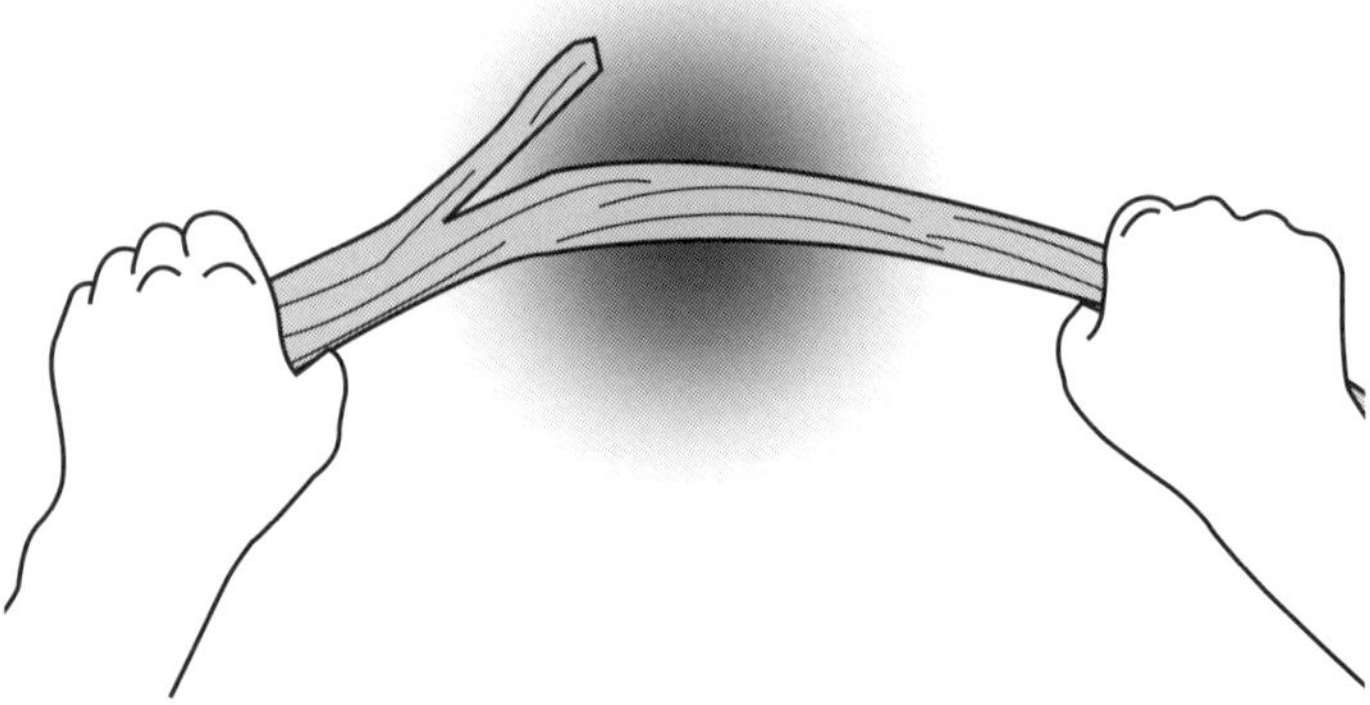

これは私の個人的な感覚ですが、丹田の筋繊維の充実は、運勁時の支点として活用されるときに運勁の働きを円滑にするために「必然的作用に準じる負荷で、常にその範疇を超えず」、ただの筋肉の硬直とは違うように思います。

例えば、一本の生木の枝を想像してください。

そのままであれば枝全体には何の負荷もかかりませんが、もし両端を持って折り曲げるという作用を加えれば、その曲がる部位には一番負荷がかかります。枯れ枝ならばポキンと折れますが、生木のような瑞々しい枝であれば連なった繊維が負荷に堪え折れるのを阻止するのではないでしょうか。これが繊維、そしてつながった丹田の強さです。このように自然な運動要求に順じて無理なく養い作っていく事が〝功夫を練る〟という事の全体像なのです。

これらはすべて、〝つながりを緊密にしていく〟ためにあるプロセスです。〝全身を協調させて動く〟という合理性を実現することで、器物のような形式的な形ではなく、生き生きとした生命の宿る樹木のように育む、これが「練っていく」という大前提で、これにより、それまでとは別の身体に変わっていくという事です。

全身に勁を貫通させるためには、初めは放鬆から放長という条件が必要なように、勁の貫通に伴い、全身及び意念も含む、多種多様な働きが、これまでは個々にそれほど関係性もなく働いて意識すらしなかったものが密接につながり働き始めるのです。

例えば、右腕を回してみてください。

次に、同時に左腕も回してください。

これだけでも連動させただけで体に感じる負担を感じるはずです。

これを全身協調で行うのです。

そして熟練が進めば進むほど全身協調の緊密度が増して行き隙間がなくなるのです。ですから力みや強引な力こそ使いませんが、運動量としては半端なものではなくなります。長年太極拳を練習している人でも、この全身協調を真に味わっている人は少ないので、練功という意味が何か特殊な練功法と考える人が多いような気がします。

勁をつかむプロセスを知っているだけで、誤った操法や身にならない修練を重ねるような事態は、きっと回避できると思います。

このことからも身体及び丹田の功夫の練り方は抽象的ではありません。私は以下のように考えています。

1 「放鬆」と「放長」の正確な実現により、勁、筋、が体得され、運勁により力学的な支点としての丹田の位置が自覚される。
2 次第に「整勁」が実現され丹田が球として確立される。
3 この球である丹田を以て、勁は太極圏に準じ自在に動けるようになる。
4 さらに「内気」が助けになり丹田に質量が増していく※。
※丹田を取り巻く筋繊維群は筋肉と同様に使用の際に強めたり緩めたり変化できます。また後述する「内気」により腰下腹部の内側外側が潤され、より充実します。

8 気血

ここまでは勁を中心に身体の運用を述べてきましたが、本項では気について解説したいと思います。

私は気を専門に修行した訳ではないので、気の内容については太極拳功夫に必要な内容に限定しての説明になります。

ちなみに、私が出会った太極拳の老師方は、「気」を太極拳とは別の気功専門老師に学ぶ方もおられました。例えば馮志強老師は胡耀貞老師に、周元龍老師は区漢栄老師にそれぞれ気を学ばれました。胡耀貞老師、区漢栄老師、はそれぞれが道家の気の修行法を深く修めた老師方です。

この道家の気の修行法は、現在巷に流布する気功とは異なり解脱を目的とした修行法の一つです。学ぶには敷居も高く、良師を得るには縁と運が必要で難しいと思われます。

私が気功法で学んだものは、台湾の李進川老師の下で王延年老師伝の金丹派丹田呼吸の基礎（『真の強さを求めて 功夫への道』p37～）、沈玉井老師の形意拳站椿の三体式呼吸法（『真の強さを求めて 功夫への道』p76～／後に馮志強老師にも指導を受ける）、馮志強老師に「太極混元気功」

です。

「太極混元気功」は、太極纏絲功と融合された陳式太極拳の習得のためのものであるように感じられます。その後に馮志強老師が指導された「心意混元気功」は気功に特化された内容に思われます。（私は学んだことはなく見た印象からの感想です）

馮志強老師に私が学んでいたころは、気を重んじてはおられましたが、特に纏絲勁を強調して指導をされていました。そのために陳式太極拳の指導では纏絲勁の動きを中心に注意されていて、太極混元気功、太極尺気功、站樁功などは別に教えて頂いていました。

また北京の天壇公園での毎日の練習では、馮志強老師がいらっしゃるまでは各人が茂みに入って各自が随意に学んだ気功を行い、そして馮志強老師が見えるとその周りに生徒たちが集まり動作や推手の説明を受け、その後はそれぞれ別れて自分で套路を練習するのが常でした。

たまに馮志強老師が套路を打ち（練習を）始めると皆がそれに付き従って套路を練習しました。馮志強老師が套路を終えると、また皆はそれぞれで分かれて套路を練習する。といった様子で、当時の日々の練習や指導でも套路や動作（纏絲勁も含む）変化が主体でした。

私は日本では馮志強老師の指導を受ける以外にも講習会の助手や、食事の手配のお世話をして就寝するまで老師の傍にいましたが、そのお陰で数年間の馮志強老師の変化をつぶさに見ることが出来ました。

そこで感じたことは馮志強老師が、次第に纏絲勁を緩やかにして、気が大らかに全身を循環する練功へと比重を移して行ったことです。

お会いして初めてご指導をいただいたときの動作は、両足はしっかりと大地を踏みしめ、腰・腿・順・逆の転換は明瞭で質実でしたが、時が経つに従い、重厚さはそのままに、動作は円やかになり、循環の精妙さ、そして身体は解放へと移行していることが感じられるようになってきました。

夜に部屋に招かれると気功の意念の持ち方や、寝ながら行う功法や、雑誌を手渡され掲載された道家の理論と方法を研究するように指示されました。

また夜には部屋で静座している姿もよく見かけました。

これはあくまでも私見ですが、この頃の馮志強老師の套路は、運勁は内に隠れて、体外の動きは気の自然な流れを尊重する方向へと次第に移っていく過渡期だったように思われます。

それから暫くして私が師の下を去る前後に「陳式心意混元太極拳24式」が発表されたのです。

馮志強老師の気の修行段階とその目的は、当時の私には理解できませんでしたが、一般に広がる気功とは全く次元の異なることとは、その気の師である胡耀貞老師の生前の出来事を伺うことで想像はつきました。しかしそれは到底、我々凡夫には、修行するどころか触れることさえ叶わない世界でした。

この広い世の中には、人知れず密かに本格的な気の修行をしている者もいるのかもしれませんが、ネットや看板を掲げているところに真実を求めることは詮無く、深い縁と強い運のない者には垣間見ることすらできない世界なのだと思います。

ゆえに、ここでは太極拳修行に則っての気と丹田の関係を私の体得から説明するものです。以下は身体内部の気を取り上げているので、身体内の気、すなわち「内気」と記します。

まず、内気は太極拳学習のどの時点から練習を開始するか？ですが・・・、実は太極拳の学習の開始時から着手している！のです。

本書の目的の「功夫の練り方」を知るために、これまで勁・筋・丹田と、それを養成するための身体の用い方を解説してきましたが、これらを得るために初めに「放鬆」が重要だと説明しました。この「放鬆」の身体への要求こそ、他でもなく内気の体得には必須だからです。

それが何故かを以下に具体的に解説しましょう。

私がかつて学んだ楊家太極拳の師、王城威博老師（董英傑老師伝）から頂いた楊家太極拳教本の、太極拳術十要中の「用意不用力」の項に次の言葉があります。

〝凡そ人身の血脈、経絡（気の流れる道）は地面の溝の如く、塞いでいなければ水は自然に流れるように、血脈経絡も通じていれば「気」は通じる。若し経絡に力を充満（筋肉を硬直）すれば「気」と血の流れが停滞する〜〜此れに反して力を使わず、意識だけ働きかけると、意識の至る所に「気」がついて行き、日々の練習によって正真正銘な力を得る。〟

と書かれています。

これからも分かるように「放鬆」は、身体の筋肉の強張りを廃し、意識をもって解放させる要求により「気」の流れを実現させるための基本条件なのです。

中国医書には〝意が到れば、気が到り。気が到れば、血が到る。〟とありますが、太極拳の身体操作はすべて「意」によって行われます。まず放鬆により筋肉が弛められた状態で、放長により四肢にまで勁を貫通させるのですが、

雲手（ユンショウ）

気と血流は隣接関係にあり、実際、気の通り道である経絡と血管は、全身を縦方向に走るルートとして共通している。両者の共通点は循環性であること。筋肉が弛み開かれた状態で、柔らかな循環性の動きによって、末端まで行き届く気血の巡りが促される。

斜行拗步（シエシンアオブー）（の一部）

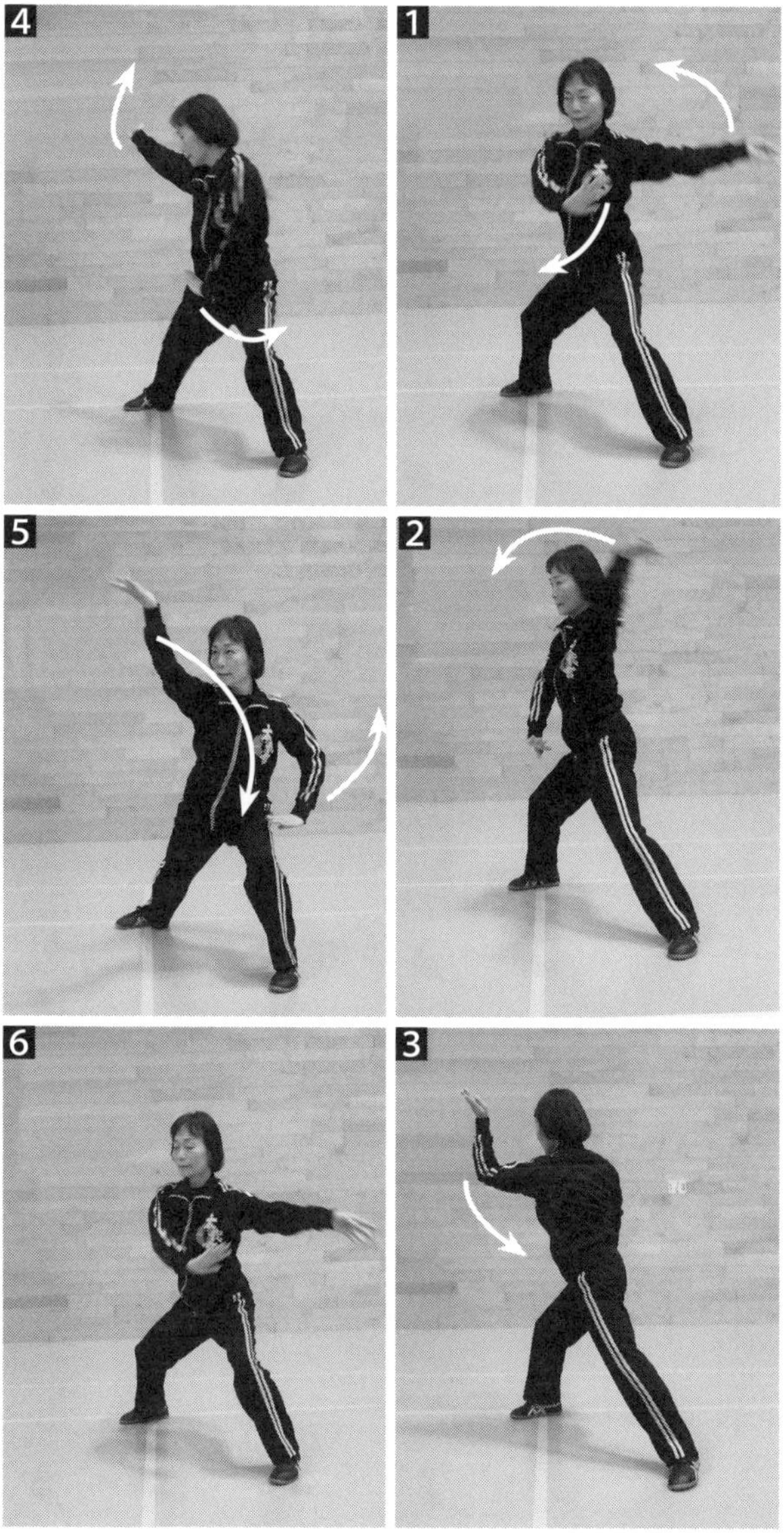

お分かりのように、すでに全身に内気と血液を運ぶ練習が行われているのです。

身体の勁が貫通できていない部位は、筋肉が硬直して、弛み開かれていないので、やはり気血の巡りも滞らせていることは明白です。

放長の練習に入っても、勁が四梢にまで到達できないのは、末梢にまで意を至らせていないからであり、気血が末梢に到ることも不可能なのは明らかです。

血液は物質的であり肉眼でも視認できますが、内気は感覚的に感じることは出来ても実在として見ることはかないません。しかし、見られないから存在しない！と言うことは出来ません。

現に普通の肉眼では見ることが出来ない物質も数多くありますが、科学が進歩した現在では存在が証明されています。それと同じように身体内に巡る内気や自然界に充満する気という物質の存在もやがて証明される日が来るのでしょう。

いずれにしても血も内気も生きている者には内在しており、その循環が生命を繋いでいることは確かなのです。それゆえに、血流と内気の性質に則った循環を促すための意念による身体の放鬆と放長運動は気血を巡らす基本条件なのです。

多くの太極拳学習者は〝気とは何か？〟を調べたがるようですが、科学者にも掴み得ないものを素人が頭で理解することは無意味です。だから〝気とは何か？〟を本で研究するよりも、日々太極拳実践の繰り返しで、身体運動の中で、放鬆と放長により無理なく血と内気を自然に巡らせ養うことを心掛けることが最良の方法だと思います。

9 内気と練丹田

放長の一条貫勁から練習が進み、全身が協調し合い、勁が整い始めると太極拳要訣にある「一動全動」や「周身一家」が実感として体感でき、全身の協調が高まってきたことが自分の体で認識でき、意により自在に勁を巡らせることができます。ただし、これはいまだ整勁が完成に至っているわけではありません！　なぜならば同時に身体の不調和部分、すなわち勁が良く通じていない箇所、凹凸も感じられ、すでに自在に巡っていたと思われていた勁のはずが、不調和がより自覚され、身体運動が微調整の段階に入ったのです。

これは、勁道がさらに精妙で繊細な段階へと昇華するため、今までの感覚がまだ粗雑で自然にまで至れていないと感じるからです。

そして、最も痛感するのは今まで以上に深い放鬆状態が感得されることであり、さらにより深い放鬆を心中は欲するようになります。

これはいつまで続く?という期間の問題ではなく、完全究極に至るまでは永遠に続く終わりなき作業のような気がします。

この境地に至ると、なぜ多くの学習者は学び始めから正しいもの、正しい形を求め、心と身体を限定しようとするのだろうか?

掴み得ることも、満たされることがない正しい形など、追えば逃げる陽炎のようなものであり、あえて虚しい行為にエネルギーを費やすのか?

真実が分かれば分かるほど、自己を束縛するだけの形の正確さを求める無意味さが痛感されるのです。

完成ではなくとも、このような整勁にまで練習が深まれば、やがて身体の内部が外動に同調して動くのも感じられるようになります。(これは気だとか血だとかに限定したものではなく運動に即して内側は大河の如く大海の如く滔々とうねるのを感じるのです)
馮志強老師は、〝開のときにはすべてが極大まで開くと想い、合のときにはすべてが極小まで合わさると想え〟と仰っていましたが、意で動作を展開すれば、身体の外も内もすべて展開し、

合

開

意が収合すれば、身体の外も内もすべて収合する感覚があり、この無限にまで開かれたかとおもえば、極限にまで収縮する循環の自在さと解放感に、心身は喜びを味わうのです。

まさに太極拳は「開合拳」であり、これで体内の気血が躍動しないはずがないのです！！


太極拳では、この開合が意と全身体の一体化に至ると、太極陰陽論にある〃動けば開き、静まれば合わさる〃の理論が身体で実現される感を覚えます。

套路中では毎動作ごとに、この開合の無窮な往来循環を感じ、まるで身体が自然に呼吸しているかのようで口鼻呼吸は無意識に自然に調整されます。


この久しい練習の時を経て、展開時には気血は自然に全身を巡り末梢に達し、定式時には腰腹部の内外周には気血が収斂され、丹田を潤し養い充実させます。これが勁が整った収合動作時における「気沈丹田」の効用です。

このように意と身体を一致させ、動作により自然に丹田に気血を注ぐのが太極拳の「練丹田」の方法であり「動中求静」であり、方や気功の站樁や坐禅の不動で行う意守丹田による「練丹田」は「静中求動」を求めるのであり、この二つを混交して練習するべきではありません。

動中求静

動作により自然に丹田に気血を注ぐ

1

2

静中求動

不動での意守丹田により丹田を練る

ただ、このように太極拳の運動中に、心身は整い鎮静の時が実現されます。これが太極拳が「活椿[※1]」と称される所以です。

太極拳拳譜には〝全身意在神、不在気、在気則滞〟とあります。すなわち、動作時に身体の内気がどのように動いているかを意がそれを探ると心はそれに囚われてしまい動きは鈍った状態になってしまうのです。

また、勁を無理に運ぼうとすると、ロボットダンスのように筋肉の緊張の移動が起こるだけで放鬆とは程遠く身体は不自由な状態に陥ってしまいます。

内気や勁は、水が流れるように、条件が満たされれば自然に流れ運ばれます。もし無理に動かそうとすれば不順を生み、かえって弊害になってしまうのです。

速い進歩や速成を望み、心が焦る者は、ついつい自然に逆らいこの状態に陥ってしまい、自ら道から遠ざかってしまうことを肝に銘じなければなりません。

※1「活椿」とは、気功の静止して立つ「站椿」に対して、活き活きと動きながらも心身統一の静を実現し体内の気血を養う意味から、太極拳を「活椿」と称するようですが、いつ頃から

の習慣なのかは分かりません。

10 〝丹田〟は意識すべき？

先に、〝丹田はあらゆる方向への全身運動の要〟と記しました。前項では〝気血を丹田に注ぎ充実させる〟と記しました。

すなわち丹田はいくつもの意味合いで要所なのです。では、修練の中においてこの丹田を意識していく事がまた重要なのでしょうか。

ここには少し、難しさがあります。

まず放鬆の要求を身体で実現させるときに、全身の緊張を解き細かい動きに留意せず全身を気持ちよく動かすようにすると、全身が協調できる基礎感覚が養えます。しかし多くの学習者は、正確な型（足の角度、手の位置など）、正しい姿勢（立身中正など）、分解動作、を尊重して学ぶために、全身を囚われなく解放して自由に動くことが出来ないのです。

例えば、何か机に上の物をとるときには腕だけ動かし、または落ちている物を拾うときには上半身を折り曲げるように、必要最小限の動きしかしません。

もしこれらをオーバーアクションで行うと腕と体は同時に動き、拾うときには飛びつくような動きになるのではないでしょうか。

放鬆は全身を解放させ、放長は解放された身体に運動の方向性を持たせているのです。

そして放長では全身を大きく伸ばすために筋（きん）が養われ、長い時間中には弓の掴む部分に相当する身体の腰腹部位の強化が実現されます。これは丹田の外殻を作っているわけで、弓を作る工程でも掴む部分だけを独自に作ってはいません。弓全体に弾力を持たせながら強度を増して行きます。

すなわち「丹田」という特定部位を初めから意識して練習することは、全身の勁の貫通や協調性や整わせるという練習順序からは不自然だということです。

太極拳では、全身の協調運動も放鬆時と放長時、そして整勁時と目的が変化しながら身体と丹田は養われ続け、次第に全身運動を統合する運勁の中心としての外的「丹田」が強化確立され、整勁の後には身体と運動の偏りはなくなり、身体（内臓を含む）の放鬆も深まり、意により無理なく整って働くようになれば内気も循環し帰結するべき場としての「丹田」も養われ充実されて行くのです。

気功では基本的に坐功や站樁功の不動的練習により「意守丹田」を行い、意識がそこから離れないようにして気感が起こるのを待つわけですが、内気を尊重する太極拳でも動作を開始する前の準備勢では、「意守丹田」を行います。

しかし套路中では、身体の横隔膜の下降が気の沈むのを助け、この意と身体運動の一致が自然に気沈丹田を行っているのです。

11 内気と勁の違い

内気も勁も全身に流れ、巡らせるように修練していくものですが、両者には明確な違いがあり

内気

身体が静止しても動き続けている

勁

身体が動くことによって働く

ます。本章の最後にその違いを比較してご理解を促したいと思います。

まず、「勁」は体が動かない限りは働きません。溜水には動きはありませんが、流水には動きがあるようにです。

ですが「内気」は血と同じように元々身体に存在して、血と同様に生命活動を維持するために働いています。ですから気は身体が静止していても常に動いているのです。

すなわち太極拳での、放鬆で筋肉の硬直を退け、血管と経脈を締め付けることが少ない運動は全身の血気の流動を促すのに有利ということで、放長により勁が身体を貫串して四肢にまで到達する運動は血と内気の巡りを活発化させますが勁と内気が同時に同じように移動する訳ではありません。運動すれば血の巡りを旺盛にするのと同じ原理です。

血流は実際にはリアルには感じませんが運動により体温が上昇したり心臓に動悸を感じたりしますが、逆に気は気功練習に熟練すると気は感じられるようになります。しかし、この感覚は多種多様で、どのような感じなのかを限定して説明できず、さらに感覚なものを言葉で表現する難しさがあります。

それでも強引に言葉にすれば、膨張感、腫れる感じ、熱感、痛み、痺れるよう、痒み、圧迫感、ツツツ後頭部、グジュグジュ、スー、モゾモゾ、モジョモジョ、ズキンズキン、……等々で、感覚は部位によって、また時によって変わり、人によっても異なるようです。

性格により気の性質が違うのか？　気の強弱のためか？

例えば、気功治療のようなものを受けた場合、ある人の気は感じるが、別の人の気は感じられない。などの相性みたいなものもあるようで、気そのものが統一して捉えづらいものです。

私のレベルでの感覚では、動作と勁の運びを抑えて、放鬆を意識的に深め動作をユックリさせた場合には身体全体にある種の茫洋と、上記した感覚が部位によっておこるのを覚えます。しかし、勁を明確に意識してシッカリ運ぶと運動時にはほとんど気を感じることはなく、ただ定式時に前腕、主に掌、指先に膨張感があり、気沈丹田時には腰腹丹田部位に膨満感と、内股を通して足の裏に熱感があります。

他の感覚も加わるときもありますが、一定していないので、これらを追い求めることは先に述べた要求から無益な事と思います。

台湾で李老師に学んだ時の感覚、沈老師と三体式を行った時の下腹部の感覚、馮老師に学んでいる頃の帯脈の感覚、そして座禅をした時の身体感覚、これらの時のような峻烈な感覚ほどではありませんが、今は身体全体的に意を振り向ければその部分に感覚があります。

これは私の個人的感想ですが、気の感覚は、動くよりも身も心も静けさを持った方が感じられ、激しく動いている最中は気は感じず、静止した後に丹田などに強く感覚があります。


かつて陳発科老師が北京に招かれて、初めて陳家太極拳一路・二路を見せたときは陳発科老師は「私は運気はしない（気は運ばない）」と告げてから演武して、その時間は全套路を打ち終わるのに約10分程度※であったといいます。

恐らくこの速度での動きの中で気を感じることは不可能なのではないでしょうか。

これを聞くと多くの日本人の学習者は「陳発科は気を練らなかった！」と決めつけそうですが、もしかしたら別にユックリと套路を練習したり、套路の他に陳家代々の気功法を練習したのかもしれないのです。

日本人はすべてが一致する画一的な答えを求めがちですが、中国の人は成果こそが大事で、それを得るためには形式や固定感を持たず鷹揚に臨むようです。短絡的な結論の求め方では中国武術を理解することは出来ないと思います。

私の体感から推察すると、気はもともと身体内に存在し、血と同様に生命活動を維持しています。

心身の緊張を解き、静かにしていると気は感じやすいのですが、その感覚は一定しておらず実態がつかみにくく、意のままにコントロールすることは難しいです。

例えば、ある部位に意を向けるとその部位に気感が生じますが、同時に他の離れた部位にも感じることもあります。これは常に全身で気は働いているのですが、暗闇でライトを照らした部位だけ見え、実は他の暗闇の中でも動いているようなものです。

太極拳拳譜に〝心為令、気為旗〟とあるのは、このようなところから来ていると思います。

気功などの道家の修行者はあえてこれを修練して〝何か〟を得ようとします。しかし本格的な修行はハイリスクハイリターンで、気の練習に着手して偏差（心身に変調をきたす）に陥る者が少なくないのです。

例えば、外部の気の影響を受けて具合が悪くなったり、耳元で人が囁く声が常に聞こえたり、幻覚が見えたり、突然身体が勝手に動き出して自分では制御できなくなる。等々悪化すれば日常生活を送れなくなるほどであるといいます。

胡老師も偏差に苦しめられたと聞いています。

ゆえに気の修行はその専門家の指導の下でなければ危険を伴うものと考えられるので、やはり太極拳拳譜にある〝気以直養而無害〟のように、私は今現在意と身体運動から乖離した気のみの修行には着手していません。（太極拳修業が深まり意・気・勁が完全一致した後はわかりませんが）

※楊家太極拳の宗家　楊澄甫老師も全套路を8分程で演じたことがあるそうです。私見では、これは気よりも勁の精妙さを披露したものであると思います。

12 〝練る〟ための身体の使い方

気や丹田というと、とかく抽象的にとらえてしまって、まるで神秘的な〝何か〟が不思議な強さを与えてくれるように思い込んでしまうなどというのも、ありがちな傾向なのではないかと思います。けれども、太極拳の修練は確かに身体を練っていくものであり、そのためには「身体をいかに使うか」ということは重大な問題でありつつ、それ次第で身体は確かに強化されていくのです。筋肉が太くなることや体の重量が増す事以外に〝強い身体〟のイメージを持っていない方も多いかもしれませんが、ここには確かにもう一つの身体強化が存在します。

太極拳の練功では、身体をどのように使っていき、それによってどのように強化されていくのか、本項では解説したいと思います。


先に説明したように、太極拳には〝開合〟運動が基本にあります。意による自然な心身の開合が実現されると、それに伴い順逆纏絲勁と全身の筋繊維の関係性が次第に体感で明らかになってきます。

開く時には筋は伸び、合の時には筋は縮む（筋が養われ丈夫になると、弾力のあるゴムが引き延ばしたら戻ろうとする作用）のですが、これは物理的に考えて理解しやすいのではないかと思います。

開の動作時には纏絲勁は逆纏絲されて解放され、合の時には順纏絲で収斂されることが自覚されます。これは熟練すると自然に感じます。むしろ開合に順逆纏絲が合わさらなければ身体は不自由さを感じるようになります。

気血の時にも述べましたが、意による開合の動作には体内にも同様な感覚が起きてきます。これはすなわち身体内の気血が旺盛に動くことであり、気の感覚も活発になります。

昔の達人が〝一気の伸縮〟と述べていました。これと同じものかどうかは私には分かりませんが、開合動作では熟練によりこのような内面の伸縮感覚も導き出されるのです。

一つの開合中には、まさに纏絲と気血と筋の協調が明確に行われます。

なぜこの開合の協調関係を強調するかというと、太極拳が身体を練り強化するのには、この全身の開合伸縮こそが、ソバを練り腰を強くする過程に当たる、身体を「練る」ための重要な秘訣になるからです。

意念による開合運動中の、全身の筋、気血、螺旋（纏絲）の伸縮が実現されると、明らかにすべてが混然一体となり練り込まれる感覚があり、身体が少しずつ強化される感じがあります。

ただ、あくまでも私個人の感覚ですが、このときの練拳の感覚は放長時での一条の貫勁から開合までの心身ともに感じる解放感の自在な気持ちよさではなく、まるで錘を付けて身体を運んでいるかのような苦しさが伴うのです。

これが正しい事なのか？練功方法を間違っているのかは分かりませんが、功夫体得には楽でお手軽な進む道などなく、人跡未踏の荒れ地を一歩一歩ただ前だけを見て進むしかない！　そういうものだと思うのです。たとえ道を誤りすべてを無駄にしたとしても悔いることのない覚悟が必要です。

師がいたとしても功夫は自分自身の身体という場での未開地へ先の見えない探検をするようなもので常に挫けそうになる自己を奮い立たせ前進する覚悟を持てないならば功夫などは求めないほうが良いと思います。

30〜40年ほど前、陳瑜老師に初めて会った時、彼はまだ二十代の前半で若々しく体力に満ち溢れていましたが、演じてくれた一路は非常に苦しそうなものでした。

一路を打ち終えると彼は〝本当はこのように練習する〟と語ってくれました。当時は、私のイメージする〝力を使わない太極拳〟とは異なり、意外ともいえる困惑があったことが思い出されます。

先に述べた私の練功時の感覚が、この時の陳瑜老師と同じものかは分かりませんが、要領のみを得て楽に気持ちよく功夫が成ると夢見ても実現は不可能なようです。〝練る〟という事、強靭さを培っていく事とは、こういうものなのだと思います。

さて、ここに生じる〝辛さ〟は、方向性としては決して間違っていません。では、なぜ生じる辛さなのでしょうか？

勁は力ではないので貫通をさせるためには筋肉の硬直を解き節々を開いた方がスムースに行え

ます。この勁の貫通だけを実現している段階では開合でも気持ちよく行えるのですが、勁が整った段階に入ると、〝支える勁〟も同時に働き全身の勁が呼応するようになります。

久しく熟練すると、主となる勁の動きに沿って筋も働き、支える勁の側の筋も呼応して働くのです。この筋の呼応には相互に引き合うような反発（ちょうど弓の弦を引き絞るような）感が生じます。

筋には筋肉とは異なるゴムのような弾力性が養われるらしく、引っ張ると戻ろうとする力が働きます。（不思議なのですが、逆に縮めると開こうという反発も感じます）

このような〝抵抗感〟のようなものが運勁時には身体に感じられて楽にスムースに動けない感じがあるのです。つまり、全身の筋が繋がって働くようになってきたゆえの〝辛さ〟なのです。

車のギアを〝ニュートラル〟にしておくと、人の手で押しても動かせない事はない位軽い状態になります。これは〝繋がっていない〟からです。ところがギアを繋ぐと、人力では動かせない重さが生まれます。その代わり、繋がったからこそ、全身と繋がったその駆動系さえ発達すれば、速く動く事も、小回りを効かせる事も自在にできるようになります。太極拳の練習プロセスには、これと似たところがあるかもしれません。

練習が熟すると、全身の筋のつながった呼応によりやがて展開時には全方向を身体が支えるよ

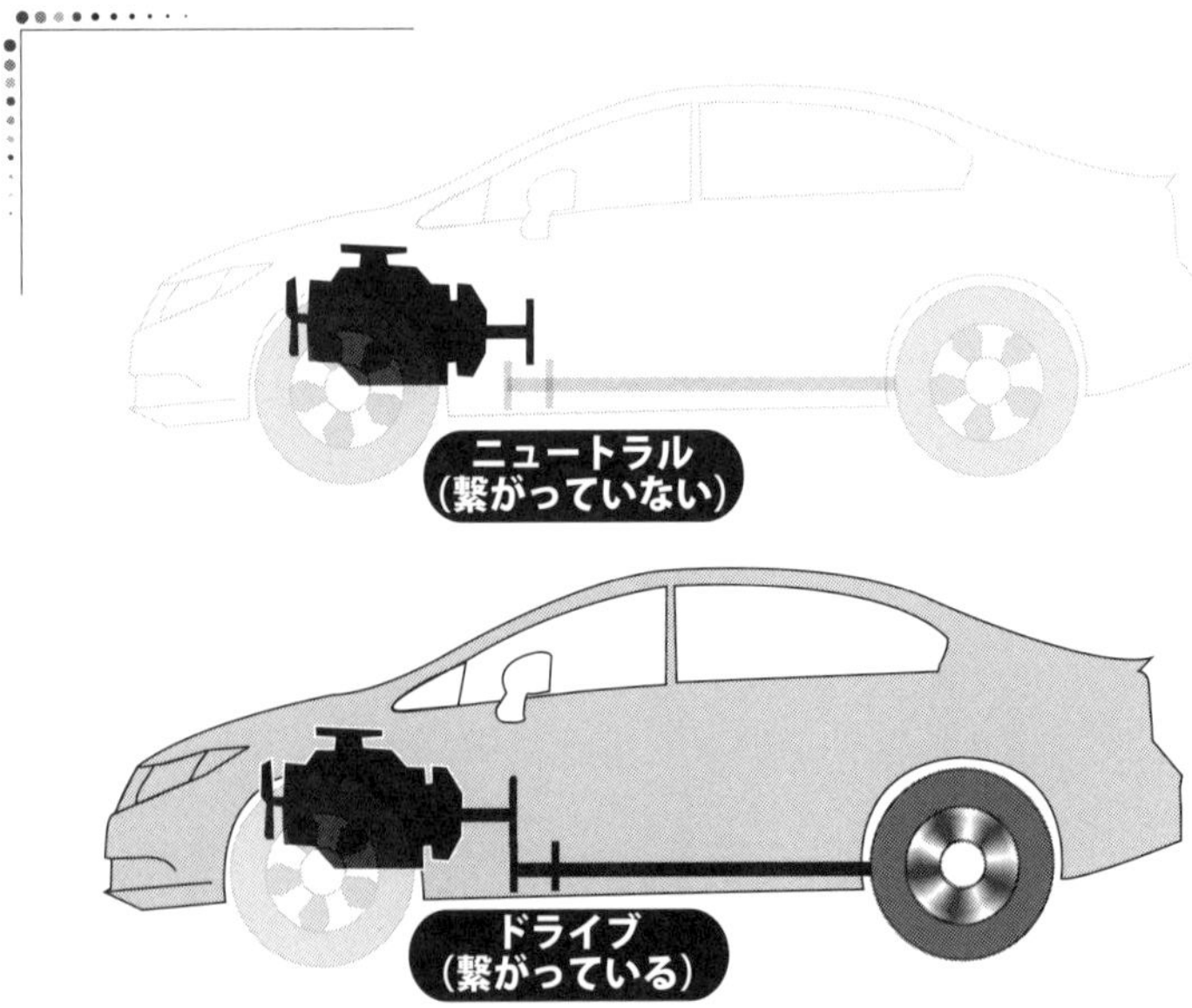

うな感覚が生じるようになります。これが拳譜にある「支撑八面」と称されるものかは分かりませんが、そんな感覚を覚えるのです。

この練習ではこのような身体の強化のみならず、後の項目で紹介する「開合」における全身の協調運動と密接に繋がる剛柔・虚実の転換までも自在になる基礎作りが行われているのです。

13 身体強度を生み出すもの

私の体得から理解される「勁」は、例えば鞭の中を伝達するような運動であり、重いものを持ち上げる力のそれではなく力量としては加速による衝撃力だと考えます。

筋繊維の鞭の皮をなめした質の強さは丈夫ではありますが、それだけでは外部の力を受け止める堅固さは存在しません。逆に固ければ素早い勁を貫通させる妨げになるからです。

では相手の力や衝撃に耐えるような身体の力は、太極拳ではどのように作られるのでしょうか。

これは完全に私の身体的感覚からのものですが、秘密は「骨」にあると感じています。

それはどういうことかと言えば、身体を支えている根幹は骨にあるからです。

伸筋により強化された筋繊維は、身体の骨と骨の節々を繋ぎ合わせ、保護しています。ゆえに全身を支えている骨とそれをカバーする柔軟な筋、この二つの相互作用に他ならないと実感されます。

筋肉も骨を動かしたり、ある意味、骨とセットで強さを発揮したりもするのですが、それと大きく違う点があります。

筋肉はそれぞれが分離したものとして存在し各々働きますが、筋は繋がったものとして全身を繋ぎ合わせ働く、という風に作用が異なるのです。

筋肉は筋収縮により強さを発揮しますが、筋は意念による勁のコントロールにより働き、骨骨

筋肉

筋収縮により強さを発揮する

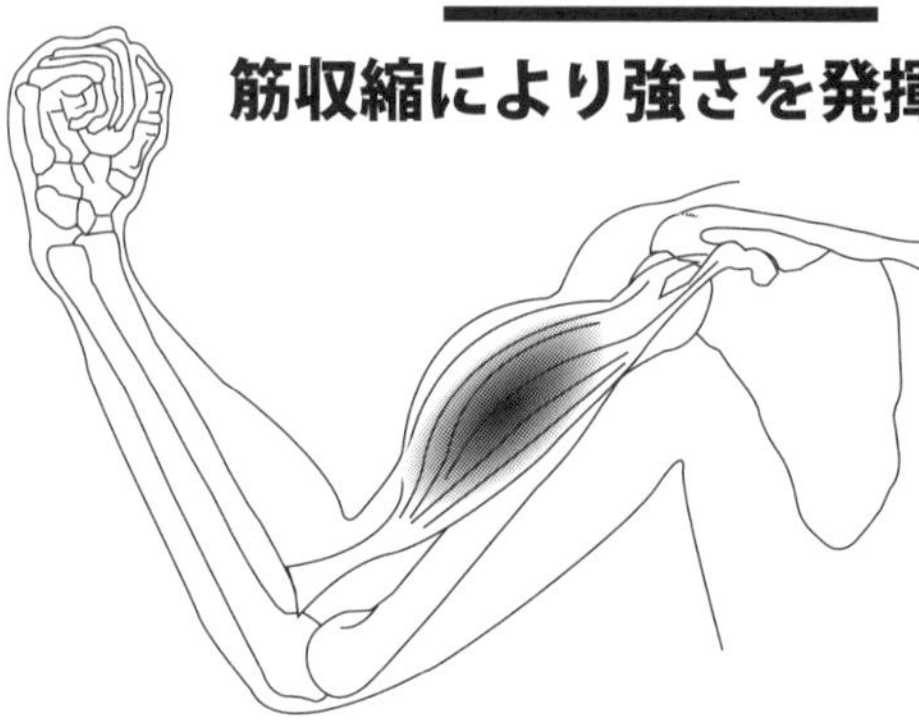

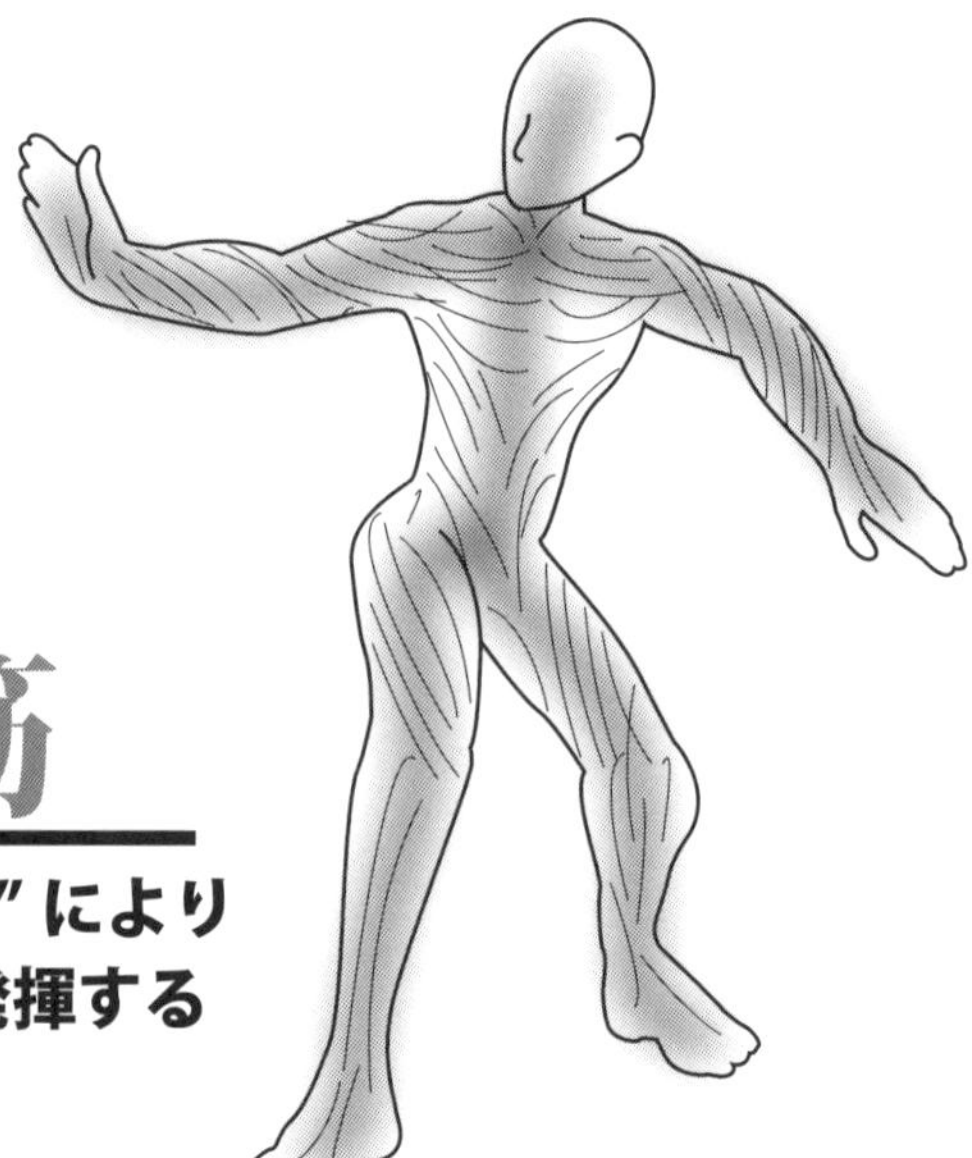

筋

“繋がり”により
強さを発揮する

を繋ぎ合わせ連結させて強度を分散して保ちます。つまり、太極拳における身体強度はこの〝繋がっている〟事による強さです。身体の強さは筋肉を収縮させて固める事によるばかりではないのです。

ただ、太極拳でも純粋に筋だけを用いているのではなく、筋や勁の運行を邪魔しない程度に筋肉を用いている（もしくは働いている）と思います。

14 気と血液

前項のような筋骨による身体強度を別の面から補うものとして内気と血の存在があります。

猫が寝起きに伸びをするのは身体の血の流れを促しているからだといいます。猫の素早い動きには瞬発力が重要で、睡眠中に下がった血圧を、伸びをすることで上げて血流を促し脳や筋肉への血流量を増し目覚めさせ、ウォーミングアップを行っている。とも言われています。このことから伸筋には血流を促す作用があり、血流を良くして全身の筋と肌肉を養うことが分かります。

また中医学では、気がリーダーとして血液を押し流すので「気を血の師」と言い、血は気を運ぶ媒体で気に栄養を与える働きから「血は気の母」と言って、お互いが協力しあって生命活動の

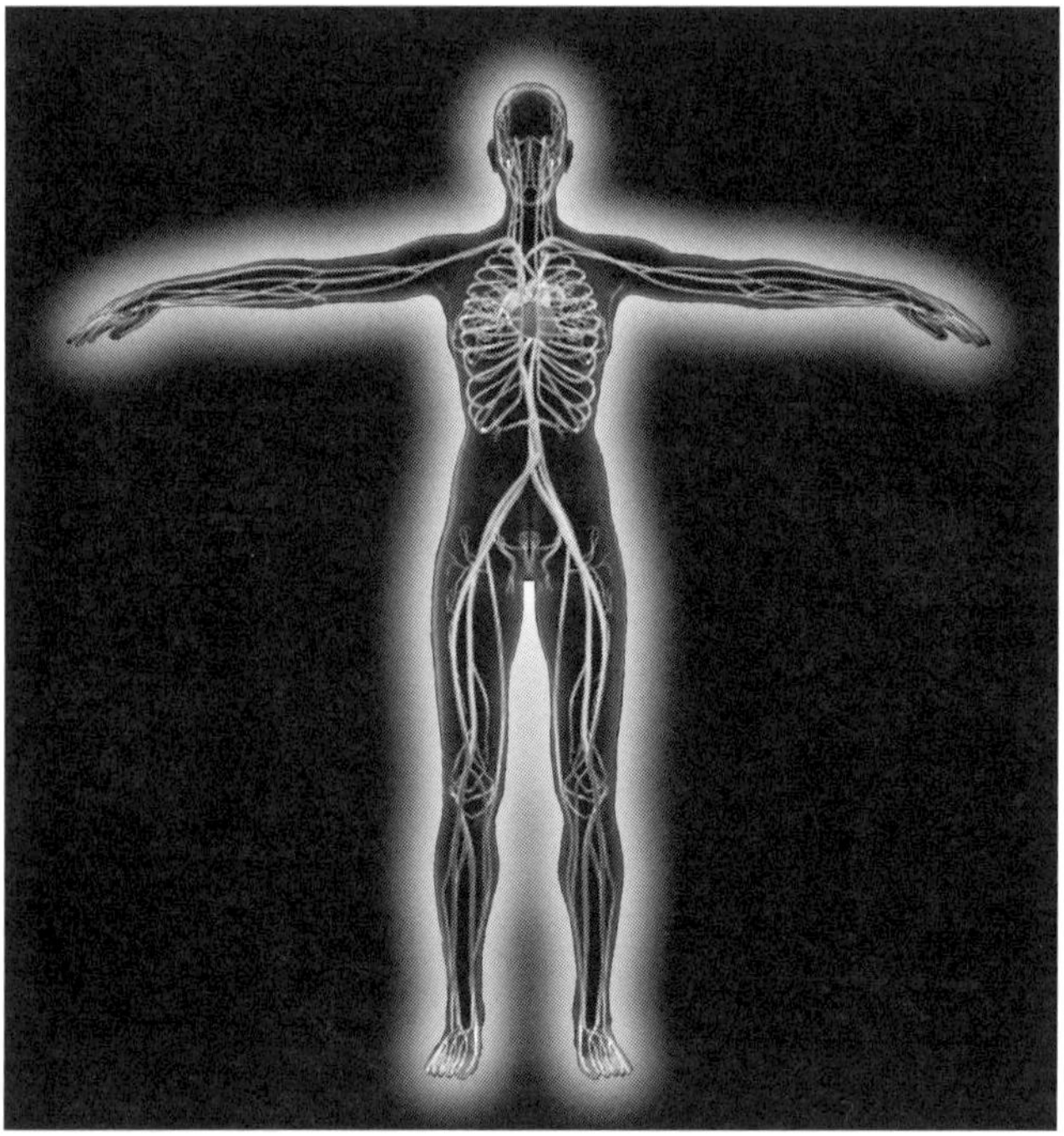

維持に努めているとされています。
人体の気は運動量が大きく無形なために、血や津液（血液以外の体液の総称）などの有形のものに付着させておかないと、浮き散じて身体から抜け出ていってしまうので、気は有形のものにくっつき宿ることで、体内に留めておくことができる、と考えられています。
例えば、大出血などで血を多く失うと、そこに宿っている気も必然的に一緒に減ってしまうのです。中医学によると無形の気と有形の血との関係は切り離せないものなのです。
このような関係性からも、太極拳

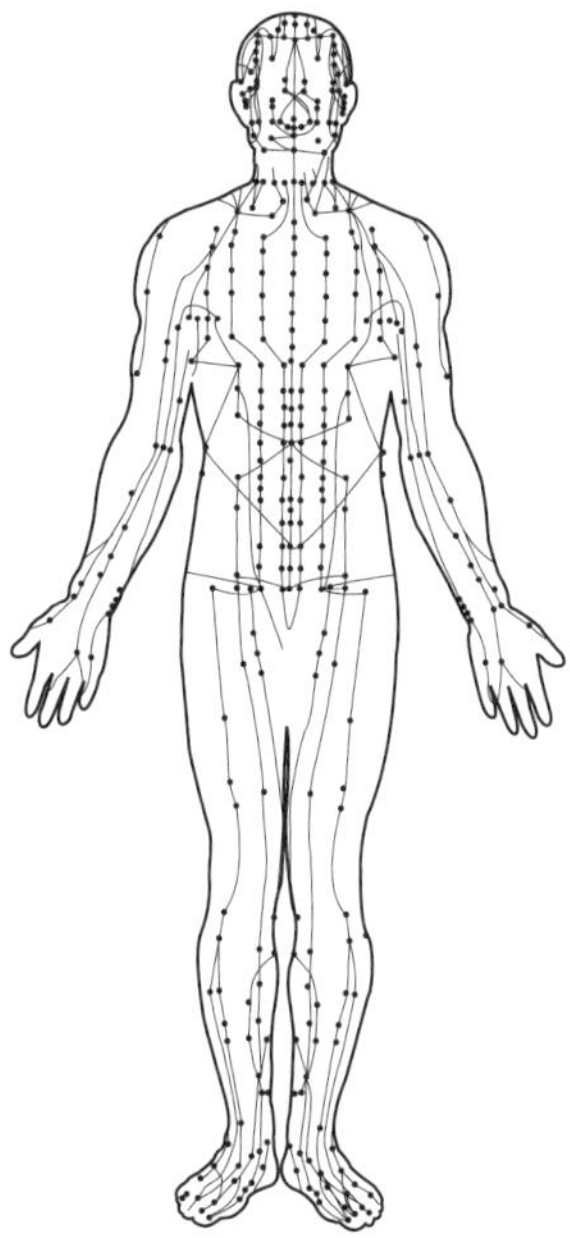

気の通り道とされる経絡は、血管と似た、全身を〝縦〟に巡る走行を示している。

では身体の筋、骨、肌肉を活発に動かし血液の流れを旺盛にして内気の流動を促し、養うことが合理的であると考えられます。

気はそれ単体でとらえるとどうしても、果たして存在するのかしないのか、感じられるか感じられないか、という次元で人を二分してしまうところがありますが、血と関連付けてとらえるとまた違ってくるのではないでしょうか。確実に体感的な意義を帯びてきます。

気の通り道とされる経絡は、血管の走行と似ていてこれは偶然ではないでしょうし、血と気の動きの関連性は否定できません。

例えば太極拳の両手を降ろす起勢や終わりの収功動作などを連続して行うと血圧が下がるようで、もともと低血圧の女性がこの練習を多くやると意識を失うことがあったりします。

しかし、血流は必ず血管を流れますが、気感（気の感覚）は必ずしも経絡の流れに沿わずに、皮膚や腕全体に筒状にも感じたり、空間にまで広がって感じることがあったりして、統一した定義付けができません。気の専門家ではない私には良くわからないところがまだまだある分野です。

多くの太極拳愛好者は型を覚えると、すぐに内功を求めて気功を始めます。そして気に傾注して血や筋と肌肉に対する興味を持たなくなる傾向があります。

私自身も、未だ筋の存在意義について理解していない頃、気功の「静」的練習に傾注して、結果的に筋、骨、肌肉、の養成を疎かにし、体力低下を招いた苦い経験があります。

できれば筋、骨、肌肉を強化し体力の向上をはかりながら、併せて気功を練習すればより良い効果を得られるのですが・・・

気感は繊細で、動いている時よりも静止している状態の方が感じやすいために、気の神秘性に引かれるあまり、ついつい身体の運動強化を疎かにしてしまうのです。

現在、私は生徒たちに勁の体得以前に気功を指導しないのは、それはかつての私自身のこのような失敗体験からによるものです。

蛇足ですが、親の代から道家気功を専門にする家柄で、幼少のころから家伝の気功を修業した中国の専門家が「気功では筋、骨は強化されない」と語っていたことも私の体験を裏付けるものではないでしょうか。

15 太極拳が目指す動き

〝太極拳はまさに開合拳である〟

太極拳運動には開合、順逆纏絲があると述べました。功を積み、練習が佳境に入ると、この開合の裏に潜む「陰陽」の原理が垣間見えるようになります。そして次第にこの原理が太極拳の全てを貫いていることが身体で感じられて、運動はその陰陽を体現することだけが目的となるのです。

それは整勁により左右上下、身体の全てが助け合い協調運動することから起こるのですが、バ

ランスと協調により運勁はスムースになり、無理なく効率よく働くことから、身体運用の法則を悟り、原理まで見出されるようになるからです。

この原理は自身の身体運動のみならず、体外的すなわち対人にも有用性をもち合理的であることが分かり、自分の身体にフィードバックされます。※この基本的説明と効用はＤＶＤ『真の功夫を求めて』で詳しく行っています。

継続して練習を積み深めるほど、陰陽はバランスと協調を経て、やがては統合した合一体の状態へと到ろうとしていきます。それは本来正反対の対立した性質のものが一つになろうとする働きで、陰は陽のために存在し、陽は陰のために存在し、単一では存在できないほどに関係性を密接にして増して行くからです。

やがては、陰の中に陽が存在し、陽の中に陰が存在する、まったく分離されない一つの太極こそが究極だと感覚が悟るようになります。

すなわち、陰陽に従って分離はなくなり、陰陽に随って他と我がなくなり、陰陽に順って自在となり、陰陽に遵って自由になるのです。

これにより終局の目的は明確となり、幾つもある道筋がやがて辿り着くべきゴールは一つである！と自覚でき、すべての迷いはなくなります。

そしてこれまでの努力と苦労は、この太極を見出すためのものであり、これ以外にないことが確信できるのです。


昔は太極陰陽理論はただの哲学であり、太極拳においては権威を付けるための後付け、と考えていたのですが、この体得から、太極拳が、まさに太極拳と称される所以が了解され、武を超え、芸を超え、道へと至る道の一つであると断言できるようになったのです。

太極は観念論に終始するものではなく、実際の体の動きに具体的に反映されるものです。

先の「2〝練られた身体〟ゆえの戦い方」の項で〝蓄勁〟↓〝発勁〟のプロセスを「レ」から「し」にしていく、と述べましたが、それともまったく共通するものです。

〝蓄勁〟と〝発勁〟といういわば対極的な存在状態を、スイッチを入れるごとくパチン、パチンと切り替えていくのではなく、どこが変わり目かわからない位の移相が、太極拳の目指すところです。

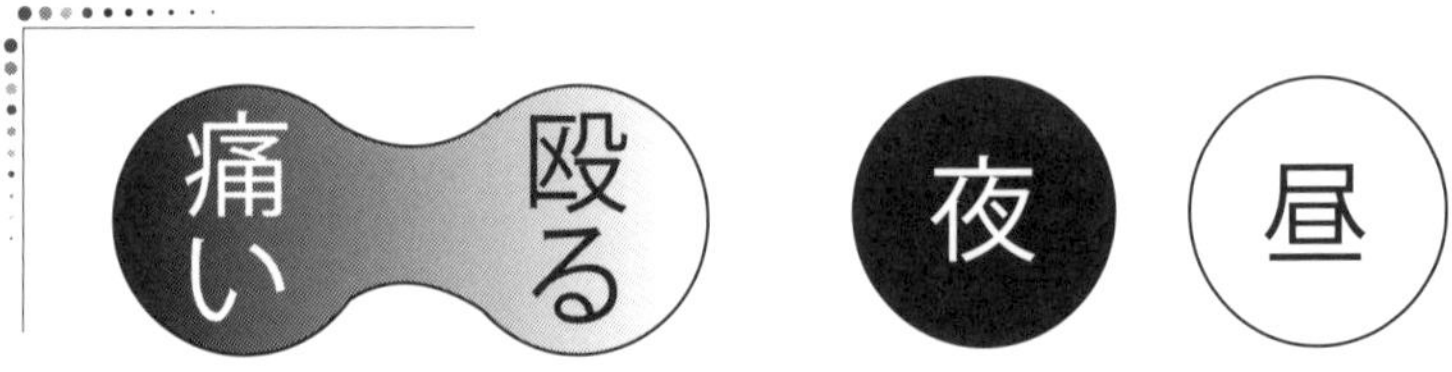

〝対極〟の存在は「性質的な対比」を指すものです。それに対して〝太極〟の一致状態とは、「因果関係」を指すものです。

例えば昼と夜、という対比では両者が結合一致することは考えられません。それに対して、殴る↓痛い、は原因と結果という因果関係です。すなわち殴らなければ、痛いという現象も起きないわけで、原因と結果は一つのもの、という認識です。

太極拳では「寓」と言う言葉でそれを表しています。

初心者は引いてから押し出しますが、熟練者は押すために引きます。

これは同じように思えますが、原因と結果を分けて考えるか同意義としてとらえるかの差が大きく異なるのです。

「レ」を「し」にしていく過程とは、実はこの認識を心に得させる手順にし

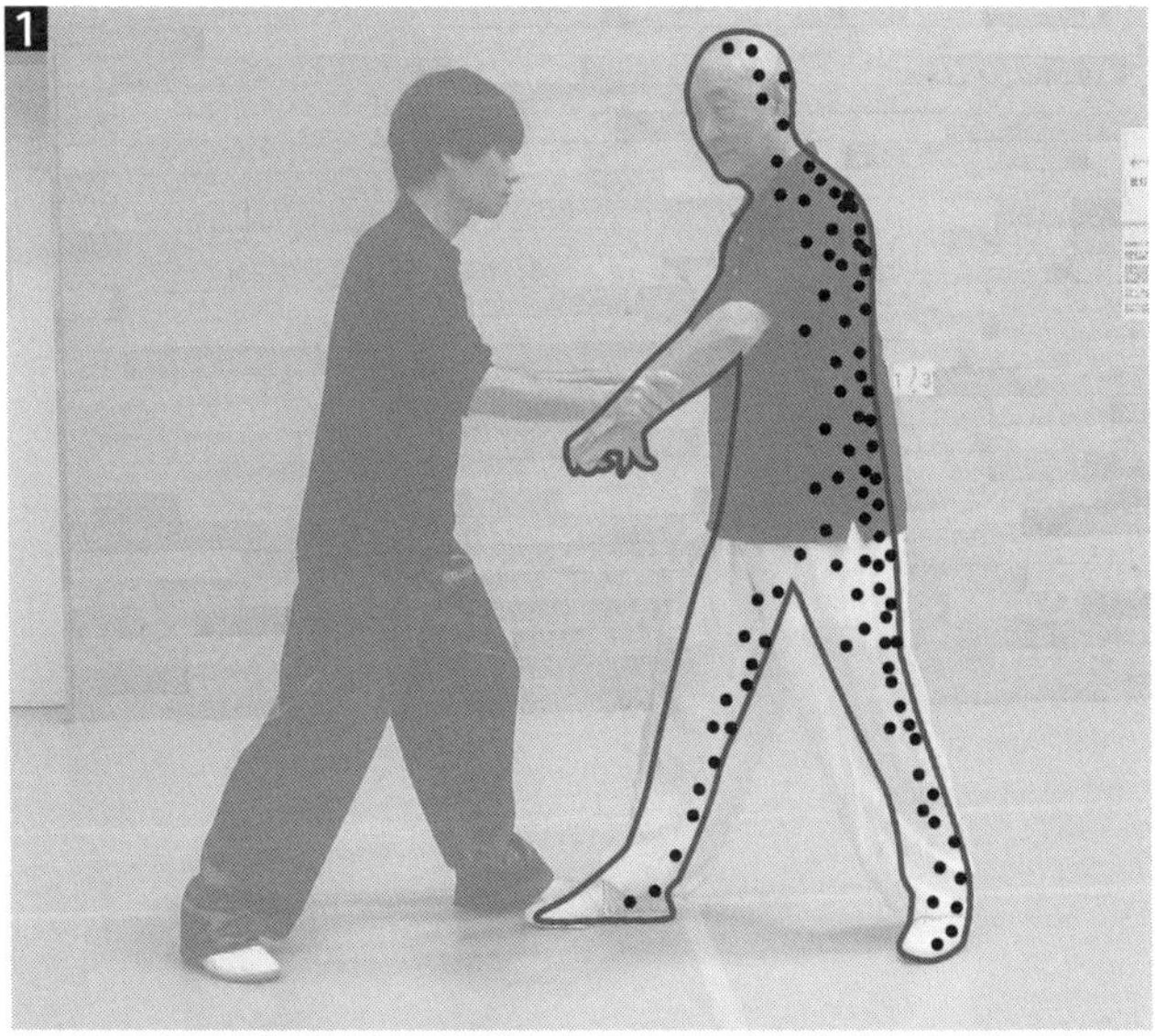

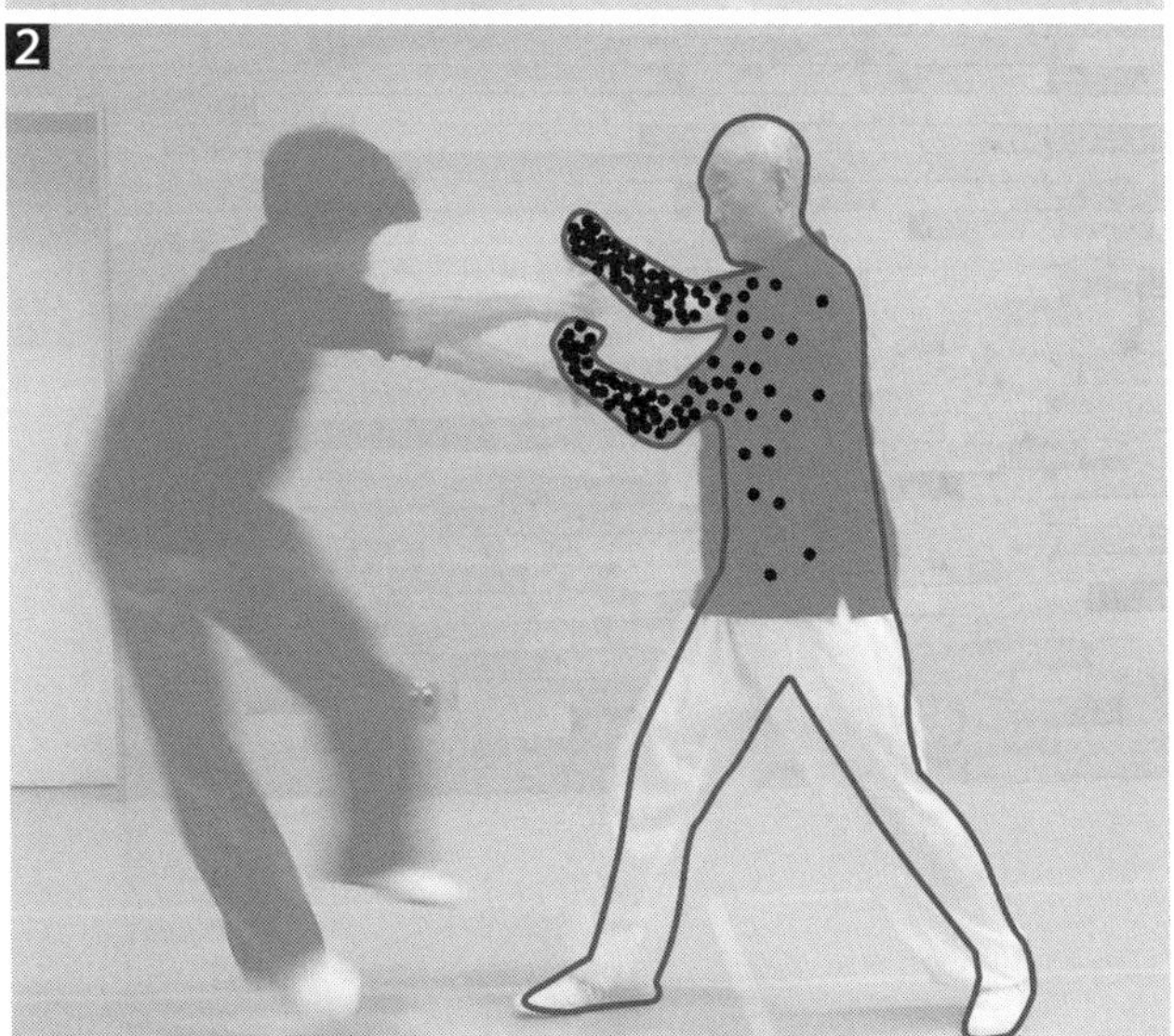

整勁が深まると、全身の全てが蓄動作を行うようになるため、外見的な動きとしてはほとんど顕れなくなる。

か過ぎないのです。

太極拳は「意」を根本の指揮官として身体を兵隊として用いるのです。

もし深い考えがなく兵を引いて、進ませて、では勝利を得ることは出来ないでしょう。

蓄勁という動作も、実は心が発勁の全貌を認識しているから行えるものでその原理を知らない者の蓄勁は形式的なものでしかないのです。

仏教でも、究極の真理を求める菩薩は〝原因を畏れる〟が、衆生は結果を畏れる〟とあるように、両者を分離したものと考えるところから物事の道理の真実を見出すことが出来ないのです。

16 〝意〟で身体を動かす事の優越性

分離していない太極の動きを体現しようとしても、実際の身体の動きとしては、最初は分離したものになってしまうものだと思います。

太極拳が円を描く動作を行うのは、運動を分離したものから脱却させるための原点です。多くの人が太極拳の無駄な動きと思っている円を描く動作や、ユックリと動くのは、全身体の精妙な協調性と循環性を高め、さらに遠心力や重力、梃子、慣性力、等々の物理的な法則を身体で感得しながら調整して長い時間をかけて準じるように訓練しているからなのです。

短絡的に使用法や、技の形式を模写しているのではありません。

もちろん、円の動きをしようとしても、最初は分離した動作系になってしまうものです。

この壁は〝意〟です。形式的に行おうと考えているうちは心の中で陰陽は分離していて一つの物と認識できないために難しいと思います。なぜならば、心の鎧は肉体をも制御してしまうからです。

物理的な作用で説明するならば、もし自分が前方へ勁を発しようとすれば、後方へ溜めるわけですが、これは一条の貫勁の場合の方法であり、整勁が深まった場合、全身の全てが蓄動作を行うので一部分一部分で蓄動作が成されるため、「後方への蓄勁」から「前方へ発勁」へ切り替えるような外部の動きとして見えないのです。

これは身体を作為的に操作して行うのではなく、整勁が繊細で全身が自然にそのように働く作用によって、実現するためです。

そのために心が発を思えば、全身体、感覚、の全てが自動でそれに備える！……というような感じになることを私自身は感じています。

ゆえに、この実現には心（意）の働きが精妙な整勁を認識し指揮することが必要だと思います。

勁の本質は〝勢い〟。なればこそ、意によって瞬時に発動し、全身が一撃のために一瞬のうちに協調する動きが可能となる。

1

2

全身体の合理的な協調性と運動力学に準じる訓練と熟練により、無理や無駄を極限まで廃し力学を駆使できる身体の運用レベルにより、さらには、それが意により瞬時に発動できるか否かで、タイムロスをなくした達人が「一触即発」を実現できるのではないでしょうか。先の「2〝練られた身体〞ゆえの戦い方」の項で触れた「一触即発」は、こういう事によって実現するのです。このレベルに至れば、技すら必要なくなります。昔達が謂う「一哼一哈、勝負立判」です。

前章でご紹介しましたように、初めは身体運動で勁の流れを導き出しますが、ひとたび勁を感じると逆に意が勁を自在に運び、その勁が身体を動かし、勁と身体の主従関係は逆転します。

私の練習方法に準じて行けば、放鬆から放長まですべてが規格ではなく身体操作を意識によりなされるために一条の貫勁を体得した時点で、自然に意の働かせ方の要領を得ているはずです。ですから勁を軽やかに運ぶことも、重々しく運ぶことも、すべてが意のさじ加減で可能になります。

これは実感してみなければ身体の味わいとして感じることが不可能なのですが、熟練していない普通の人でも精神的に落ち込むと体も重たく感じたり、嬉しい時にはスキップしたくなるほど体が軽く感じるということはあると思います。

意と身体運動の一致を体感すると、勁を軽く運んだり、しっかりと運んだり、素早く運んだり、自由にコントロールできるのです。

以前、太気拳の岩間統正先生から、太気拳創始者、澤井健一先生が「君、意識は早いよ！今思った瞬間に宇宙の果てまで届いているんだよ」と仰っていたと伺いました。この感覚は事実です。

私自身の体得では、身体の運行を意念が行っているうちは、意識は身体に囚われて常に身体の制約に縛られてそれを超えることが出来ません。

しかし一度「勁」を体得すると身体の運行は勁に取って代わられるようになります。

この境地での開合動作は〝意の、開けば天地に満ち至り、合わされば極小にまで収縮する〟により、開勁はすみやかに四肢と全身の細胞の全てを天地にまで広げ、合勁は極小究極にまで身体を縮小回帰させ、開合は無限と無窮の往来循環が自現されます。

体験すれば分かるのですが、このように勁は意に呼応し、自由自在なものです。

もし意が水のようにイメージすれば、勁は身体の節々を流水のように貫いて身体を運び、激流をイメージすれば身体はそのように動きます。また微風をイメージすれば、風が木々の枝葉を揺らし旗をたなびかせるかのように身体を動かし、暴風をイメージすれば物を吹き飛ばすかのように運動は激しくなります。

勁は物を持ち上げるような力ではなく「勢い」だと説明したように、この意の速度に反応しやすいのです。

つまり、勁は力でなく「勢い」なればこそ、意によって瞬時に発動することができるのです。意によって発するシステムなればこそ、武術的に大きな利となる即発性が得られるのです。

勁を意識的にゆっくりと明確に運ばせるようにすると、筋もしっかりと働きます。ですから筋の強化を目的にした場合はゆっくりと明確に運ぶ方が効果があります。

しかし、この練習だけに専念すれば勁の運びは愚鈍になりますので、軽快にスムースに運ばなければ円滑性と勢いが磨かれません。

蛇足かもしれませんが付け加えますと、多くの人は「二路」で技撃力を得るように考えているようですが、「一路」こそ筋、勁、内気、の威力の根源を養い破壊力を増す練功法で、「二路」は機動の敏捷性と勁を瞬時に発動爆発させる機を得るための練習のように私は感じています。

「瞬時に発動できる」条件としては、最高度に訓練された軍隊のように身体が成らなければ実現できません。つまり構成しているすべての一糸乱れぬ協調性です。

まず全身と勁の、協調、一致、さらに、蓄と発、剛と柔、反作用の自然循環、これらは軍隊が命令一下、一糸乱れず動ける事、さらに与えられた条件（剛に対して柔、蓄に対して発）などに合理的な反応が出来る鷹揚な柔軟さがある事。これらが訓練によりどこまで磨かれているかが重要です。

この熟練度により、相手の動きに意が発動した刹那、身体は反応し与えられた条件（剛に対して柔、蓄に対して発）に自然に対応変化するのです（全身の高度な統一と、推手などの高度な反応力の成果でしょう）。

例えば、この時の身体反応は「避けて打つ」のではなく「打つために避ける」のであり、訓練された全神経と全身体は自動的に反応します。

この「避ける」と同時に、全神経と全身体は「発」の準備に入ります。

そして「発」は久しい訓練により全身の全てが準備しますから、外見には身体の運動は小さく見えても統合力は大きいのです。

相手を倒すのに〝10〟の働きの力量が必要とすれば、一つの運動なら〝10〟の大きなモーションが必要になりますが、全身統合になれば、足2、下肢2、大腿2，胯2、腰4，身体3、上腕1、前腕1、掌1＝〝18〟になり、それぞれのモーションは小さくてわずかにしか動いて見えな

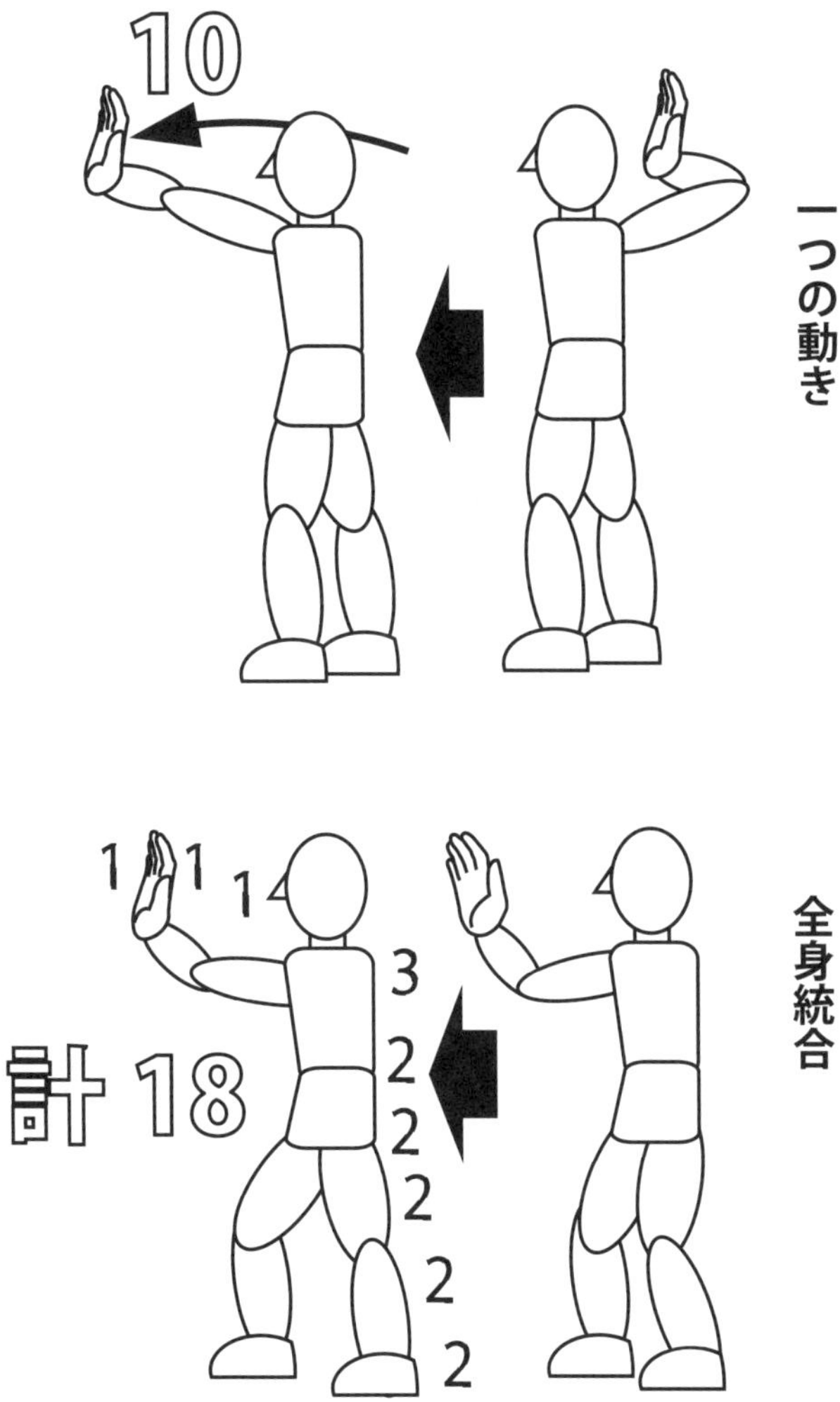

相手を倒すのに、一つの運動なら〝10〟が必要なところ、全身統合なら各所わずかな動きの集積が結果として大きな数値となり、それぞれ〝1〟～〝3〟のような小さな動きでも相手を倒すに足る威力を得ることができる。

くても総合力は大きなものになります。

これらが「意」の発動により全身が一瞬に反応して動くのですから素早いわけです。

これが整勁の効用で、この身体の一動の中で目的の勁は一瞬に到達し、それと同時に反作用の勁も自動対応し、甘味に塩を足すとさらに甘味が増す（加速した車で急ブレーキをかける）ように勢いを加速させ放たせます。

17 小さくなっていく動き

これまでに解説してきた修行方法は、私の約40年余りの紆余曲折の修行の末に掴んだ功夫修行を体験と体得を分析整理して体系づけて説明を試みたものです。

これを読む多くの太極拳修行者は一般的に遵守する基本姿勢や身体要求に準じる練習段階と比べると、逸脱した独創的体系と思われるかもしれませんが、私自身も基本姿勢や要求を重んじながら長年練習を積みかさねても体得できなかった時代があり、その苦い体験から、心身の囚われに気付き、長年の検証と工夫と苦練の試行錯誤の末に掴んだ実証的内容なのです。（『真の強さを求めて　功夫への道』p267〜参照）

私がこれまで説明した練功法を訝しく思われる方のために、ここに紹介する練習方法の道筋が理に適っているか？　従来からある太極拳の圏の進歩段階（大圏↓中圏↓小圏）に当てはめて説明を試みてみたいと思います。

①　初級段階

全身を放鬆させ身体を解きほどき解放し、放長により大きく展開させ、勁をつかむために伸びやかに動く。やがて一条の貫勁が体得され起点（勁の発出点）と落点（勁の到着点）が感知される。

この貫勁の実現により、勁の働きの原因と結果の因果関係性から陰陽の二面があることが把握され、運動を「陰陽分明」で行うようになる。

この時期は身体が展開され、描く圏が大きいので【大圏】になる。

②　中級段階

熟練により身体バランスが保たれ運動は全身協調になり、勁は互いに助け合い蓄発、開合は過不足なく「陰陽協調」で行われるようになる。

動作は必然的に中庸になり、描く圏が中程度になるので【中圏】になる。

③ **上級段階**

全身勁は協調から統合へと密接になり陰陽転換が精妙な境地に入り、蓄は発を、合は開を内包し「陰陽一致」で行われるようになる。

動作は小さな圏で蓄から発への転換が可能になり、描く圏が極小になるので【小圏】になる。

以下は現在の自得感覚からの完全な考察です。歳をとりすでに功力は失われつつありますが、今現在の私の感覚は次の段階に入りつつあることを自覚しています。

④ **極致段階**

全身の勁は丹田を中心に運用され、開合・虚実・剛柔など、すべての陰陽転換は丹田の一転により蓄発自在となる。

このため「太極」に至った！と言え、動作上で、描く圏は必要とされず【無圏】に至る。

※楊小候老師は晩年には、触れた相手をほとんど不動で一瞬に弾き飛ばした。外からは、ただ発

勁が見えるだけで運勁が見られなかったといいます。これは緊湊にして圏がなくなる熟達した最高の功夫です。

楊小侯老師は小架式で有名ですが、楊家太極拳もこのような大、中、小、と練習段階を積み深めて〝無圏〟に至ったのだと私は思います。

全ての伎芸は最後の完成だけ見てその全容は語れません。断定的な答えを求める学習者が陥り易いところです。

①から④に進むに従い、動作は次第に小さくなっていきます。では、「動きを小さくしよう」と心がけながら修練していくべきなのでしょうか?

ここには少し難しさがありますが理想的には〝自然移行〟です。焦らず着実に修行を継続すれば成るべき時に自然に移行します。

何故ならば、「功夫」というものは完全に自分自身で技量やレベルを体感できるものなので、身体が自然に移行するのです。

以上、私の掴んだ修行の結果を太極拳の〝圏〟の進歩段階に当てはめて説明をしてみました。

私には太極拳の修行の道筋に準じていると考えられるのですが、如何でしょうか？

しかし、数学は誰が計算しても1＋1＝2ですが、人生はそのように分かりやすく答えを得られないように、功夫も人それぞれの求め方や道筋があるはずで、私の得た方法はその一例でしかありません。

私の修行方法が絶対的であるという断言はしません。約半世紀近く悩み苦しんで体得した内容に過ぎません。

ですが、このようにまとめてみると簡潔明瞭で、これに沿って練習すれば功夫がすぐにでも体得できそうに感じますが到底そのように一筋縄で行くものではありません。

功夫は〝実体験を通じて身体で実証を積み上げながら進む〟もので、その過程は、積んでは崩れ崩れては積みなおし、無意味と思える行為を繰り返し、鍛練の末に身体を作り、体感を手探りに一歩一歩地道に歩む道程です。

一つを要領通り練習した＝実現する。というように簡単に成功に結び付けられるものではありません。簡単に見えても、その修得には複雑で難しい部分が多々あるからです。

理論や方法だけでは表し尽くせない、その部分は私の本（『真の強さを求めて　功夫への道』）で述べています。

行間や言外から心で読み取っていただければ、修行体系の理解を助け功夫をつかむ糸口が必ず見つかるはずです。なぜならばその目的で生徒のために書いた本だからです。

人生でも仕事でも、その形式を追うだけでは成功できません。

そこに魂が宿ってこそ、挫折してもまた立ち上がり努力を継続できる勇気が湧きおこり、やがて大成まで至れるのです。

18　修練における〝イメージ〟

多くの武術、格闘技の類は、「敵と戦い打ちのめす」イメージ、あるいはそういう目的を持って修練するものだと思います。

相手の攻撃をかわすイメージ、目的により、相手の攻撃より速く動くべく、速い動きを追求していくように、自然になると思います。頑強な敵であっても打ち倒せるようなイメージにより、より強い攻撃力を自然に求めるものだと思います。敵に読まれにくい、反応されにくい攻撃をするイメージにより、小さい動きを求めるように自然になっていくものと思います。

太極拳においては、そのようなイメージ、目的の持ち方をするのでしょうか？　修練の中で、敵と戦うイメージを重ねたり、するのでしょうか？

多くの方が太極拳に抱いている印象からは、ちょっと離れている感じがしますね。ゆっくりとした優雅な套路なら、その中に敵はいなさそうです。

私は長年、太極拳および内家拳を修行する過程で、正確な型を得られれば、力も、応用（すなわち技撃）も、身につくものと考え、信じ、練習してきました。しかし、太気拳の岩間先生の所で組手を経験した中から、外形だけを遵守しても得られることが少ないことに気が付きました（もちろん求め方にも多種多様あり、すべてを否定するものではありません。また私が体験したものは内家拳なので限定した経験であり、私の能力にも問題があることです）。

そして暗中模索の葛藤の中でどうにか「功夫」を体得出来、分かったことは、考え方が「こうあるべきだ！」という限定した固定概念が進歩を妨げていた、という事でした。

一つの套路（型）の外形の正確さのみに捉われていたに過ぎなかったのです。型や形にはいくつもの捉え方があるということです。

これまで説明してきた〃功夫の練り方〃は「一路」の套路での練功過程を述べたものですが、一路でも動作を意識的に動かすためには「用法」のイメージが重要であると自覚しています。（た

だし勁の体得以後です）

特に「二路」は、姿勢や形の規格よりも〝戦う気概や覇気を養う〟ための套路だと確信しています。（あくまでも私の個人の考え方です）

陳式太極拳の元々の存在意義を太極拳が生み出された時代に遡って考えてみてください。

昔の、さらに都から遠い片田舎では法律が自分自身の身をどこまで守ってくれたでしょうか？盗賊や匪賊の横行する時代、命の危険と隣り合わせの実生活の中で名人達人になれなければ身を守れない武術が役に立ったでしょうか？

昔の陳家溝近辺では、陳家を「砲捶陳家」と称していたと聞きます。

「砲捶」とは「二路」の別称です。

誰もが超一流でなくても「二路」で敏捷さと瞬時の爆発勁の技撃的〝得機得勢〟を身に付け実用としていたのではないでしょうか！

またある人が、馮志強老師に「今後に陳発科老師のような達人は現れますか？」と尋ねたら、「現代は陳発科老師の生きた時代とは社会情勢が異なるからもう現れないだろう。」と答えたとい

一路 転身

基本の套路

※転身を一路、二路で比較する。

二路 転身

激しい運用から成り、戦う気概や覇気を養う

います。

これは技術を超える生死をかけた体験が達人になるためには必須だという事ではないでしょうか。

私の拙い技撃経験からも、実際に命を守る戦いでは、技よりも覚悟と気概の方が勝ることを理解しています。

自衛隊の格闘戦の教官が、恐れるのは格闘技経験者よりも普通のおじさんだと言っていました。経験者は戦う時には構えるが、普通のおじさんはいきなりナイフなどで刺してくるからだ、と言っていました。技に拘らず死を恐れない者は何をするか分からないということでしょう。

昔は勝つよりも〝生き延びる〟ために武術を必要とし、場に臨んで怖気ない〝気概〟を養うために「敵と戦い打ちのめす」目的で修練し、また命懸けの戦いの経験もしたのだろうと思います。

中国武術では〝使うときには情けをかけるな！〟の教えからも、ただの勝ち負けのものでは無かったことが窺えます。

平和な今の日本で誰もに「敵と戦い打ちのめすイメージを持って修練せよ」と私は言いたいとは思いません。

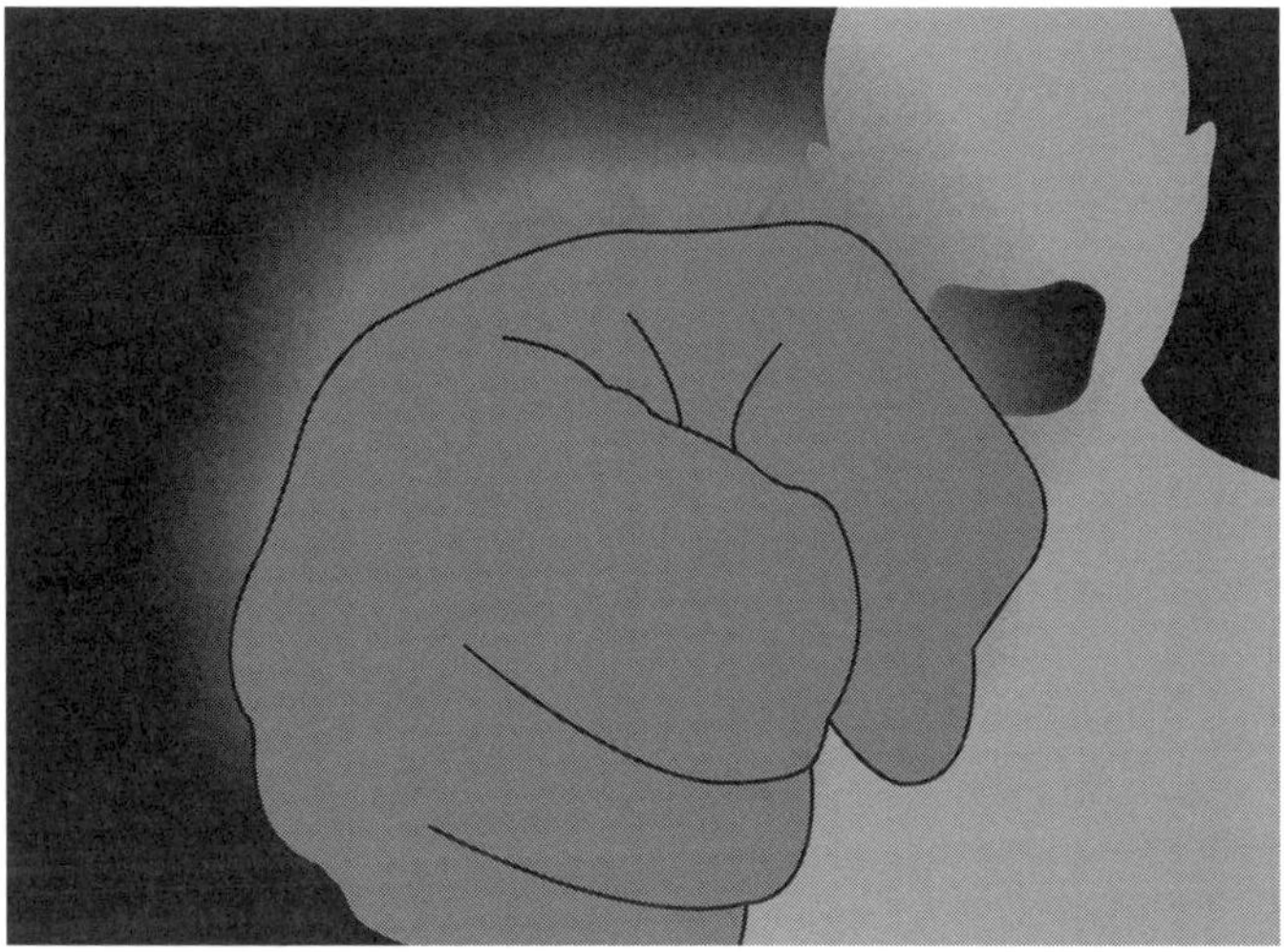

しかし、功夫技術の練習には必然的に「使用法」の理解が必要になります。特に、先に述べた二路は練習の特質上〝戦う気概〟が必然的に養われてしまうようです。

太極拳の練習目的は人それぞれで良いと思います。

しかしそういう厳しい時代の中での長い実戦経験の積み重ねがフィードバックされ、技術内容を高めてきたことは事実で、精神面や高邁な理論ばかりで「敵と戦うイメージ」を排除することは「太極拳とは?」を探求する一つのツールを捨ててしまうことになると私は考えます。

第3章

なぜ功夫か？
功夫は何を為すものか？

1 意・筋・勁・内気

ここまでで、身体の筋・勁・内気についての解説と、その体得のための練習方法について解説してきました。

これらは全て身体上での練習により体得するもので、実際に身体で活用できるまでに練習しなければ得られるものではありません。

書を読んだだけで全て理解できた気にならず、日々の実践の積み重ねをして下さい。先に修練におけるイメージの項で戦いに関する意識的重要性を説明しましたが、次では「意」の働きについて考察を深めて行きましょう。

内家拳は、昔は心意拳とも称されたように〝意〟を最も尊重していますが、これは身体内外の運びや変化の全てが〝意〟の統率下で行われるからです。

身体を動かす時には、身体に意が縛られるか。意により身体が自在に活用されるか。二つに一つなのです。

多くの学習者は、身体を動かしているのは意なのだから、意が身体に縛られることはないと考えるかも知れませんが、実は身体の動きに制約や決まりごとにこだわる場合は、意はそれに準じて、身体が制約を超えることや外れることのないように注意して監督をしなければならないために〝意は身体の動きに限定され囚われている〟のです。

一例をあげれば、もし手で何かを押す場合、手にはその物体の重さや抵抗感が生じて身体は反応しますが、意もその身体感覚を感じて力を込めたりします。これは体の感覚に意が制御されているからです。

すなわち形や要求に留意したり、抵抗を感じて力を入れてしまうことは意がそれに縛られているという事実なのです。

ある例では、高所では体が縮み上がり腿部がゾクゾクしますが、これは心が〝高いところ危険〟という概念に縛られているわけです。高所が平気な人は心がこの〝高いところ危険〟という概念に縛られないために、身体は平常と変わらず動けるように、心が囚われるか囚われないかによって身体は大きな影響を受けるわけです。

このように、意（心）と肉体の関係性は密接なもの、本来は意（心）の方が主導権を持っているのですが、太極拳の学習では形や要求を留意しすぎると意はそれに注意を払うあまり主導権を

失ってしまうのです。

なぜ太極拳が柔道やレスリングなどの対人練習よりも一人での套路練習を重要視するのかは、先に述べた抵抗に対する身体の反応以前に、意と身体運動の関連性すなわち意が主で身体は臣下の主従関係を築き上げたいからに他なりません。

そして、筋・勁・内気は意が統率しやすく、意の発動で身体を拘束せず自在に変化しやすい性質を持っているのです。

筋は、もし意を以て指先を思い開かせれば、わずかも肌肉を硬直させることなく自然に働き全身を繋ぎます。

勁は、意が穏やかな清流をイメージして運べば身体はそのように動きます。また激流のようにイメージすれば激しく身体を活動させます。

内気は、意が思うところに感得されます。例えば丹田に意を注げば自然に四肢の気穴に通じるようにです。

これらは練習を積み重ね熟練に因らなければ出来ないのですが、体感した者には事実であると実感できています。

2　〝意〟と〝思考〟～その優越性と難しさ

「意によって身体をコントロールする」というと、〝思考して身体を動かすのか〟と解釈してしまう方は少なくないかもしれません。それは少し違います。本項では、この似て非なる〝意〟と〝思考〟について触れたいと思います。

非なるといいつつも、〝意〟と〝思考〟は隣接した存在です。だからこそ、〝意〟を重んじる太極拳の方針の重大な意味もここに隠されているのです。

例えばケーキを目の前にして「このケーキが食べたい！」と感じ、「食べよう！」という心の動きが〝意〟だとすれば、「このケーキを食べたら幸せだろう」「太ってしまうかもしれないな」

と思うのが〝思考〟です。

〝思考〟は考えることで、〝意〟はもう少し単純な心の働き、ととらえてもいいと思います。

ブルース・リーの映画『燃えよドラゴン』に「考えるな、感じろ」という有名なセリフ、教えが出てきますが、まさにここの問題に言及したもので、言い換えれば「思考するな、感覚を信じろ」となる訳です。

前項に記したように、筋・勁・内気は意が統率しやすく、意の発動で身体を拘束せず自在に変化しやすい性質を持っており、筋は意を以て指先を思い開かせれば、わずかも肌肉を硬直させることなく自然に働き、全身を繋ぐのです。

つまり、〝意〟をうまく働かせられれば「不要な力み」は生じません。言い換えると「不要な力み」は〝意〟をうまく働かせられないことによって生じている、つまり、「不要な力み」はほとんどの場合〝思考〟が生み出している、ということなのです。

「負けないように抗おう」とか「見た目がきれいなカッコいい形にしよう」とか、そういう〝思考〟が意識下にでも無意識下にでも出てこなければ、「不要な力み」は生じないのです。おそらくこれは、他の武術や格闘技、スポーツなどにも共通に存在し、通ずる真理だと思います。

本書これまでを通じて、〝形にとらわれてはならない〟ということを一貫して述べてきました。

それは、この〝思考〟からの脱却をはかるものです。

落とし穴は「カッコいい形にしよう」ばかりではありません。

私が教えた生徒の中で、勁を意識的に身体内で運ぼうとしてロボットダンスのように筋肉の緊張を移動させるように引っ張る人がいました。例えば、肩の靠を出そうとして、肩で動きを引っ張るようにする訳です。また、強い発勁を出そうとして力む人なども少なくありません。

これらはまさに先入的な知識を実現しようとする〝思考〟がなさせるものだと思います。

功夫が成って意を働かせる時は、例えば指先を例にとると〝そこを思う〟だけで自然に勁は到達し、〝どのように届かせようか？〟とは考えません。

このことからも、前提として身体が高いレベルでの組織的な体系を必要としていることが分かります。

太極拳を練習する人たちのほとんどが陥るのは、このような身体訓練を抜きにして、まず高度な要求を実現しようとするところです。

意を以て身体を統率する、とは言っても、初心のうちは意を発動しても筋も勁も内気も発動させられません。それは、まだ身体が基礎訓練段階だからです。

例えば、兵隊はいきなり実戦訓練をする訳ではなく、日常の生活での自己管理から、隊列の組み方、歩行練習等々、段階を踏んで訓練していきます。これは、命令系統の徹底と、それに従う習慣をつけさせているのです。

実戦では兵隊は、指揮官の命令に一切の乱れぬ連携の取れた動きをしなければならないのですが、これができるのは徹底した基本の過酷な訓練がなされていることが大前提です。

ブルース・リーの「考えるな、感じろ」も、長年基礎練習を積み上げてきた弟子に対して、さらに高い自在な身体運用の秘訣を伝えようとしたものでしょう。「水になれ」というのも、基礎と訓練が深い事が前提で「実用」のための根幹となる意識面（意）へのアドバイスでしょう。これらは身体訓練ができている生徒に、身体を駆使するのは〝意〟であり、その〝意〟の働かせ方により身体が自由にもなり、拘束されることもある、と教えているもので、〝意〟が思考に向くのは拘束の檻でしかない！と諭しているのだと思います。

本書でご紹介した、私の考える「放鬆→放長→貫勁→伸筋→整勁」というプロセスは身体作りと勁の体得の根幹であり、この実現なくして「意」で運勁と身体をコントロールしても無意味なことだと思っています。

また〝意〟の用い方も、訓練段階により異なります。

〝意〟は、初めは手足の動かし方に気を配り、次には協調性に気を配り、勁の運行が実現できれば細かな難点の解消に気を配り、整勁が出来れば初めて勁の統率者として全身全体を自由自在に駆使させます。

中国武術では「練意」といいますが、意も使いこなすには練習が必要なのです。

このように長い時をかけて、まるで軍隊の指揮官が部下達との意思疎通を深め、信頼関係は強固になり部下は指揮官を絶対とし、指揮官は部下を信じて任せられるまでの関係性が構築できて、初めて〝意〟は絶対的指揮官となり得て、些末なことに囚われず、ただ目的のために臆することなく決断し迷いなく指揮を振うことだけに専念できるのだと感じます。

さらには、攻撃してくるのを意が認識するだけで身体の全ては自動反応して（私は未だこの領域まで至ってはいませんが）敵は倒れている！これが真功夫を得た武術家の真骨頂なのではないでしょうか。

3 なぜ〝功夫〟なのか？

長い時間をかけて練っていかねば身につかないのが、本書でずっとご紹介してきたシステムであり、功夫です。

しかし、手っ取り早く強くなりたい、勝てるようになりたい、と思ってしまうのは人としてある意味仕方のないことだと思います。長い時間をかけて練らずとも勝てるなら、それにこしたことはないでしょう。ならば、なぜ〝功夫〟なのでしょう。みなさんは想像できますか？

「実戦」という言葉を、ここまでにも何度か使ってきましたが、武術における「実戦」とは、果たしてどのようなものでしょうか？

日本で武術に興味のある多くの方は〝面と向かって戦う格闘技〟のイメージで「実戦」という言葉を使っているのではないでしょうか？

私の認識では、古い中国武術の観点からの「実戦」に対する考え方は、戦争のそれに近いものだと感じられます。

戦争では事前に相手に攻撃場所、時間、方法を知らせることはしません。

中国のように広大で民族も違い、情報も共有できない時代で、さらに盗賊、匪賊などが武器を持ち殺して奪うことが実際に横行していた時代に必要として用いられたものですから、今の平和な日本でルールに守られた格闘技と同一感覚で語ることは無意味な事だと思います。

ゆえに実戦の戦い方を想定しても思い通りに戦えないことは明らかなので、戦う方法よりも、咄嗟に対応できる自分自身を作り上げようとして「功夫」というものが確立されたのだと思います。

山西省の武術家達の習慣に「打冷手」というものがあります。

これは武術家どうしが初対面の時に相手の不意を突いて意識的であれ無意識であれ、一定の距離に近付いたらいきなり攻撃してくる！というものです。

このような習慣は今現在も古い武術家たちの間では行われているようですが、武術が試合場という限定された所のものではなく、日常生き抜いて行くために存在していた名残ではないでしょうか。この習慣を残す老武術家が現在もおられますが、彼らが逝去すれば消えてゆくのでしょう。

私もこの事実を知って、初めて馮志強老師に実際時の戦い方（構え、戦法、歩法）を聞いたとき「そんなものはない、功夫があれば一発だ！」と言われた意味が真に理解できました。そして自分が体得出来た「功夫」からもその内容から実感されて、武術に対する疑問が全て解消されたのでした。

もし太極拳の功夫を体得出来たら誰もが同じ感覚に至れるはずなのですが・・・、それにも関わらず使用法や手技足術云々を述べる者は未だ太極拳の真の功夫をつかみきれていない証拠でもあります。

日本人が太極拳を理解する時、多くの方は格闘技のそれに合わせて使い方や用法分析しますが、これは日本的もしくは西洋的なもので前記のような認識の差によるものからです。

私も、気勢（これは完全に私の造語で、気概に満ちた動きのような意味で使っています）を得るために使用法を説明したり、相手の動きに慣れ自分の変化を確認するためにシミュレーションとして組手をしましたが、それ自体は「実戦」ではなく練習の一手段にしか過ぎないために、囚われ過ぎてコンビネーションや戦闘方法を画一化してしまうとマニュアル通りに対応するのは即用にはなるでしょうが、武術の深奥を探る道は閉ざされてしまうでしょう。

※岩間先生は組手を指導してくださるとき「組手は実戦そのものではない」と仰っていましたが、実戦には決まり事もルールも限定された状況も存在しないことを熟知していたからだと思い

ます。ですから練習後の食事の時に、日常の実際にあったトラブル時の諍いを避けた対応についてお話してくださり、突発の出来事に応じた一瞬の対処から武術の〝機〟を教えて下さったのは素晴らしいと感じました。

中国武術の諺に〝突き、蹴り、を武術とは言わない！〟というものがあります。技の全ては身体運用の「道理」の中にあって手足の枝葉末節の変化にあるのではない！と言っているものですが、功夫は、意念・身体・運動、これらの膨大で複雑ながら深い一つの法則に貫かれた体系の習得こそが大重要で、使用に際してはシンプルで簡潔な方が不測の事態に対応性が高いのです。

だから太極拳は〝功夫〟を選択したのです。

4　功夫のための苦練と養生

ここまで功夫を練るための方法と道筋を説明してきましたが、功夫を掴み得るか否か！の重要なカギは〝「苦練」と「養生」のポイントを理解できるかどうか〟にかかっていると思います。

中国では長年太極拳を学ばれた老師にも功夫のない人を多く目にして来ましたし、日本で太極拳を指導する中国人の中にも功夫のない人を多く見かけます。

かの陳発科老師の弟子の中にさえ〝功夫がない！〟と言われる人がいたのには驚かされました。ではなぜ、功夫習得に、最も近く恵まれた状況にありながらも功夫を体得できなかったのでしょうか。

私がこれまでに見てきた学習者から感じた要因は〝功夫は要領で掴める〟と考えている事にあると思います。すなわち一つの要訣を学んでも単調で苦しい練習を嫌い、変化を感じられないと次の要訣を求め、地道な積み重ね練習の継続をしないことに大きな原因があると感じます。

功夫の習得には長い期間をかけた基本の積み重ねが重要であり単調な基礎練習を十年一日の如く継続させる忍耐力と努力が絶対的に必要なのです。

これは底力ともなる身体の強化のために不可欠なもので、これで養われた体の状態や強化によりさらなるレベルアップが可能となるのですが、要領のみを追い求める学習者は、一つの要領を試して効果がなければ、次の要領、さらに次の要領と、要領、要訣を渡り歩くだけなので深く厚い身体の基盤を築くことが出来ないのです。

毎日の同じ練習の繰り返しは精神的にも辛く、すぐに効果の表れない地味な面白みのない練習は長年の継続が難しいものです。しかしこれ以外に、身体を強化し、熟練により体の使い方の要領を体が覚るための方法はないのです。

あらゆるジャンルの一流に達した匠や選手達は、誰もが〝基本が一番大切だ！〟と口を揃えて言いますが、これは長年の苦練により体感した者達の本音です。

方法を〝学べば、知れば、すぐできる！〟〝形を正確にすれば力が出る！〟ここには功夫習得の要素は全くないことを知ることが大切です。

このことからも功夫は〝技や要訣にあるのではない事〟が分かるはずです。

多くの学習者は〝太極拳は力に頼らない武術〟と考える方が多いようですが、本当は身体が丈夫でなければ武術として用いることは出来ないのです。

前に、私の理論で勁は力そのものではない！と説明しました。確かに勁そのものには物を持ち上げるような力はないのですが、それを駆使する身体は別なのです。

例えば、鞭は皮でできていて柔軟ですが、打たれると傷を追いダメージを受けます。しかしテッシュペーパーはどうでしょうか？　柔軟とはいえ鞭のように相手にダメージを与えられません。

また丈夫なゴムには引き延ばせば戻ろうとする弾力性があります。太極拳の発勁要領〝矢を射るが如し〟の実現には、身体に弓が持つ強力な弾力性が必要なのです。

このように身体を作り、強化して行く！のが太極拳の基礎練功方法であり、これがなければ身体には相手を倒せる発勁を用いる耐性力がないのです。

功夫の「功」の字は「劫」という語源から来ているそうです。

「劫」とは想像を絶する時間の単位を指しているように、功夫は長い時間をかけてコツコツと地道に強化され、熟練により積み重ね磨かれた身体能力により実現されるものです。

それも内家拳の功夫は、筋肉トレーニングのように速成されないので、幾年月もの時間をかけ辛い練習を積まなければならない大前提があります。

故に太極拳は〝十年不出門〟と言われるのです。

太極拳がこのような地道な苦練を必要としていることは、かつての太極拳泰斗 陳発科老師が一日三十遍の套路（一路二路を併せて）を何十年も練習し続けたことからも明らかです。さらに四十代になり北京という大都市に来て多忙になりながらも毎日二十遍の練習を欠かさなかったといいます。

私も若いころに一日三十遍の練習を試みたことがありますが、二十代の頃でさえ日に二十回行えば翌日は疲労が回復できず、日々継続するには一日に十数遍が限界で、それ以上はできませんでした。

さらに現在は還暦を遥かに過ぎ、より痛感することですが、身体は怠けるとすぐに衰えてしまいます。

肌肉（筋肉）は使わなければ弱り、筋（スジ）は伸縮させなければ固まって脆くなり、骨も荷重を掛けなければスカスカになってしまう。頭も使わなければ鈍くなり、会話もしなければ言葉が出なくなる。身体を維持させるだけでもこれだけ必要なのですから、さらには功夫という武術にまで応用できる身体には苦練が必要大前提なのは論じるまでもないでしょう。

太極拳というと、無理せず、力を用いず、楽をして強者に勝てるようになると誤解している人が多いと思いますが、昔に功夫を発揮した達人たちを振り返ると決してそのような感じを受けないのです。

長年の苦練苦節の結果、辿り着き至った成果だけ見て判断し、それを為さしめた要因について知らないだけなのです。

功夫の修行には、若いころには苦練が必須です。しかし高齢になると若いころと違い、無理をすると身体が壊れてしまいます。

昔、馮志強老師は「快的傷、慢的養」（早い動きは身体を傷つけ、穏やかな動作は体を養う）と教えてくれました。これは馮志強老師が六十代の中ごろ、私が三十代半ば頃の事です。

もし私が、この時に馮志強老師の言葉に随って〝慢的養〟の練習だけをしていたら、果たして功夫を得られたでしょうか？

馮志強老師も若いころには各種の武術鍛練をして〝快的傷〟の苦練のなか多く練習していたはずであり、練功では数々の無理もされたはずです。その長い苦練経験の蓄積があるからこそ、老齢に至り「快的傷、慢的養」の太極拳の道理を悟り、太極拳を真に楽しむ境地に至ることが出来たのだと思います。

ここで馮志強老師の〝慢的養〟、功夫の「養う」という練功要領について説明したいと思います。

馮志強老師は、よく「養生」という言葉を用いていました。日本の習慣で養生は病気の快復など保養の意味でも使われますが、馮老師の言われる意味には「養い育てる」意味合いがあると思います。

それは激しい運動や身体に無理な負担をかけたり筋肉の強い硬直を必要とする練習を退け、血と内気が無理なく循環できるように、全身の各節を開いて円滑円満に動かし、身体の伸縮と展開を繰り返します。これにより身体には伸縮、内には気血を循環させる開合動作を毎動作ごとに行い、筋、肌肉、骨、気血を〝養うように運動する！〟ことを指すのです。

前出の気の項でも、気感は出来るだけ心身が静かな方が感じやすいと説明しましたが、血と内気は心身とも穏やかな方が無理なく養えるように感じます。

例えば激しい運動をすれば呼吸も荒く脈拍も上がり血管や心臓へは負担をかけますし、興奮したり激怒すると内気は逆流し頭が痛くなったりします。しかし、穏やかなユッタリした運動は興奮する神経を鎮め、血と内気の穏やかで自然な運行を順調に促します。

馮志強老師は、気功を練習する秘訣は「心平和気に在る」と言っていました。すなわち〝心を穏やかに保ち落ち着かせる〟ことが大切だということです。ですから血や内気の順調を考慮するならば、太極拳の運動は心を静かにさせ動作は出来るだけユッタリ行う方が良いわけなのです。

しかし武術的な意念で勁を運ぶには「意識の集中」が大切で「心平和気」とは矛盾が生じてしまいます。

私はこの事実から太極拳の練習方法は一つではなく目的により何種類かの別法があるべきだと考えます。

例えば、熟年と若年では身体の運動能力が異なり、また体力に自信のない者と強健な者が同じ練習内容で良いはずがないではありませんか。それはただ単純に激しくと、穏やか静かに行う、という簡単な選別ではなく、心も体も要求も異なる幾つもの練習方法があってよいと思うのです。

しかし、ここでは主題の功夫に必要な「養生」のための練習要領に絞って説明して行くことにします。

先にも書きましたが養生の意味合いの「養い育てる」ための練習要領ですが、まず、これを理解しやすいように例を以て説明をして行きたいと思います。

まず身体を養うために大切なのは、栄養と休養です。食べ物と食べ方、睡眠とリラックス、このバランスが根本にあります。すなわち「養い育てる」とは、生命を育む第一義であり、体作りの基礎になるものだからです。

身体を構成する、血、内気、筋、肌肉、骨、の全ては外からの栄養補給によって日々補われています。また意（心）は身体のコントロールを司りますが、睡眠やリラックスが乱れれば正しい働きを担うことができません。

武術というと体を鍛えることのみが最重要と考えがちですが、その根幹になる心と身体があってこそ可能となることなので、まずは心と身体を養い育てることから考えるべきなのです。

先にも述べましたが、太極拳の功夫の進歩は、樹木が日々営みを続けながら成長するのに似ています。

草木は若芽の頃には日一日成長が見えるように、太極拳も学び始めは進歩が見えますが、ある程度になると進歩が感じられなくなります。これは木が毎日急激に太くなるのが見えなくとも、生命の営みを続ける限り確実に育ち、その生育の継続の中で五年後十年後には大きく太くなるように、太極拳も、樹木の生命の営みのように継続すれば、日々実感できなくても必ず育っているのです。これは、まさに自然に順じて身体を養っているからです。

この生命の営みを阻害する一番の大敵は早く成果を上げようとする心の「焦り」でしょう。焦りは心の平安を乱します。

私は、養生の秘訣として馮志強老師から〝心平和気〟を教えられましたが、それ以前にも、周元龍老師から「焦ってはいけない、動作は自然でなければならない」と注意を頂いたことがあります。これは、当時の私に「功を焦っている様子」を見取り、道を誤らないように諭してくださったのでしょう。

太極拳は、放鬆から学び始めて、全身を緩め筋肉の硬直を解くところから血と内気の流れを促す練習に着手していますが、初めは節々を開き勁を通すために運動が主体なため実感できないだけで、全身を過度に緊張させず伸びやかに動いている時には自然に筋も働き血と内気も流れているのです。

やがて全身が整い、勁が整勁になると動作に過不過がなくなり、動きにも余裕が出てきて、筋が働いている感覚や身体の諸所で気感の何かしらが感じられるようになります。

動作の熟練により圏を描く転換や、順逆の転換もスムースに行え、動きに円満性が増し、流れも気持ちよく行え、すべて無理が少なく運べるようになると身体の運びに道理が覚れ、なおさら協調調和感が精妙になり、それに伴い、勁はもちろんのこと、筋、内気、の働きも感覚が増してきます。

ここまでは一足飛びに至ることは出来ず、時間と指導者の導きと自身の日々の努力の積み重ねにより少しずつ無理なく進歩するしか方法がなく〝功を焦り、速成を求めれば〟得られる効果は表面的で、太極拳の功夫習得は必ず失敗します。

この段階に至ったならば・・・・・・。

太極拳の練功目的は、意を運勁に強く置いて身体を運ぶか！

放鬆を深め、意を穏やかで円やかな勁の自然な運びに置いて身体を運ぶか！

どちらを選ぶかで苦練か養生かに分かれます。

年若く体力・気力・時間に恵まれている場合は、どちらも併修できるでしょう。

「苦練」では勁を明確に運びます。

それに伴い筋繊維も顕著に働き、骨はもちろん、筋、肌肉ともに強化されます。

動作には緩急があり、開合中に、鬆緊、剛柔、虚実、を明確に運勁し、もちろん蓄発や炸裂勁も練習します。

「養生」では動作は穏やかに、水が流れるように陰陽虚実の変化を楽しみながら穏やかな勁を全身に周回し開合を往来させます。勁は軽く円やかに円満に運ばれ、筋繊維の働きも緩やかで血、内気も気持ちよく巡るようになります。

この練習は、ただ苦練か養生か、の両極端の白黒ではなく、自身の日々の心身の状態や、その時の体力により強弱をコントロールすれば良いでしょう。

また養生では、血と内気が重要に関わってくることから捕捉すると、内気には、先天の気と後天の気があります。

「先天の気」は、生まれたときに母体より受け継いだ気で、この気が尽きたときに人は生涯を終えます。

「後天の気」は、誕生してから外部から取り入れる気を指します。

先天の気そのものは補うことは出来ませんが、後天の気は呼吸や食物を取り入れることで補え、先天の気の浪費を助けると言われています。
※これらの事は、馮志強老師から教えて頂いたことです。
馮老師には、私が夜遅くまで飲酒をして注意された事がありましたが、その意味は深酒や、無理で過酷な労働、また心の平穏さを欠く行為などは、後天の気を上手く消化吸収できないばかりか、先天の気まで浪費させ、傷つけることもあるので、養生のために生活を正すよう注意してくださった有難いご指導です。

このことからも、功夫を求めるには「苦練」と「養生」は両翼のように必要で、どちらか一方だけでは太極拳の真功夫は大成できないことがご理解いただけたかと思います。

昔の人は武術は「外練筋骨皮・内練一口気」を練習すると言いましたが、苦練は筋・骨・肌肉を強化し、養生は血・内気を養うからです。

練功が進むにつれ、苦練の中に養生の要素が含まれ、養生の中に苦練の要素が内包されるようになりますが、完全な合一は難しいので歳と目的に見合うように二つの練習比重をコントロールすればいいと思います。

第4章

功夫体得のための終章

結びとなります。

太極拳の体の動かし方、運動の方法も、意念の働かせ方も、練習が深まり体感されるのは「ただ二種類の相反する働き（陰陽）の調和でしかない！」ということです。

すなわち陰陽バランスの協調一致という法則からやがて深い「道理」を体得できるのです。

そうなると苦練も養生も、ただ闇雲に行うのではなく、それぞれが陰陽法則を知り、それに沿うことで身体的に無理なく養えるために功夫そのものを失うことがないのだと考えられます。

練習を継続し続ければ感覚はさらに深まって行きます。

ただし身体は永遠ではなく老いがありますからパワーはすこしずつダウンして行きます。

もしそうでなければ死ねないことになります（笑）。

そのため、養生だけの練習だと筋骨は萎えて行きますので、結果的に身体に負荷のかからない苦練は継続しなければなりません。

これが、私の体験からお話しする、功夫体得のための練習論です。時間をかけて練らなければ決して身につき得ない功夫の本質です。

本書の最後に、ここまでご紹介してきた私の功夫体得法である「放鬆→放長→貫勁→伸筋→整勁」というプロセスにおいて不可欠な、いくつかの修練法について、今少し具体的に解説して締めくくりとしたいと思います。

これをやりさえすれば功夫が体得できる！という、インスタントなＨｏｗ　ｔｏではありませんが、ただ、必ずその〝入り口〟には立てます。

〝練る〟ことの意味、〝練り続けなければならない〟ことの意味、それを理解する事ができたら、功夫体得は、遠くないのではないでしょうか。

放鬆

肉体面と精神面の二つがあります。肉体では緊張を解き、全身を解放し柔らかくスムースに動かすことに留意します。精神では心を穏やかに、大空に悠然と流れる雲のような気持でゆったりとして心地良さを味わうようにします。

7

8

9

10

11

12

放長

身体を伸びやかに展開させるようにしながら、運動のラインを明確にさせます。全身を連動させて、両手、両足を合わせ、大きく開く動作が明確な勁の方向性を作っていきます。大きく動くことによって勁の流れを明確化します。

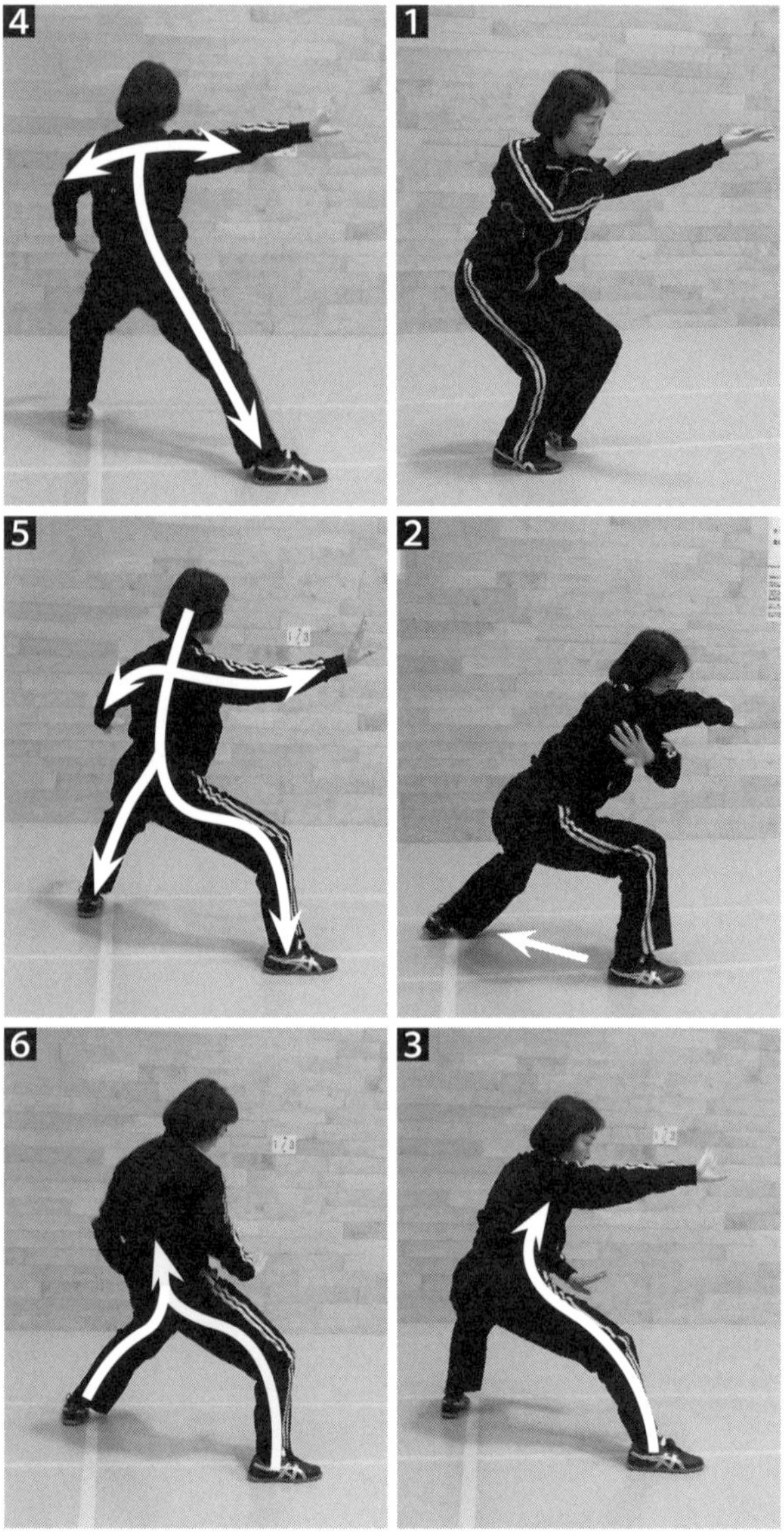

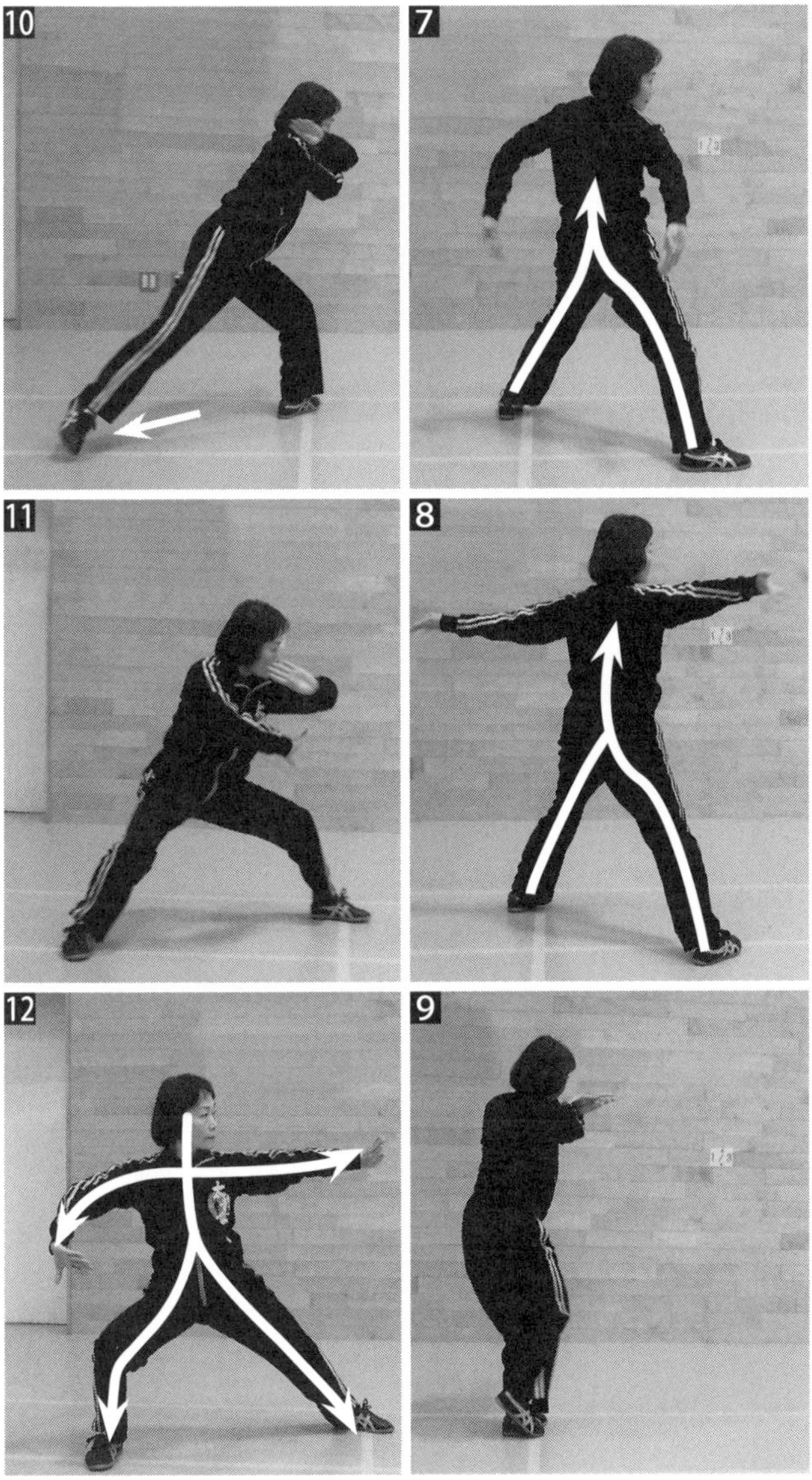
7
8
9
10
11
12

勁の運用

勁は無理に運ぶのではなく、放鬆が実現され節々が開かれ身体の準備が整えば自然な運動によって無理なく貫通します。

5

6

7

8

太極拳の戦い方

これは私の功夫体感からの感覚で、私自身が実際にできるかどうかは分かりませんが、太極拳には特定の戦闘技巧はないのだと思われます。

簡潔に言えば〝自分の勁をまとめ、相手の力を散らす〟これですべて事足りるのです。

〝相手の力を散らす〟すなわち化勁はそのためのものです。

手でも腕でも身体でも相手に触れれば自動に掤勁（整勁の一致）が働いて相手の力を受け止め、化すると同時に、勁は蓄して発するだけです。すなわちこれが一触即発の実現です。

その昔、馮志強老師に戦い方を尋ねたとき具体的な受けや避け、コンビネーションなどは指導されず、ただ〝功夫が在れば問題ない〟と言下にかたづけられたのも今は良く分かります。

但し功夫の大きさが問題で、私の功夫レベルでは戦える相手は限られていますが、これは感覚的には理解できることです。

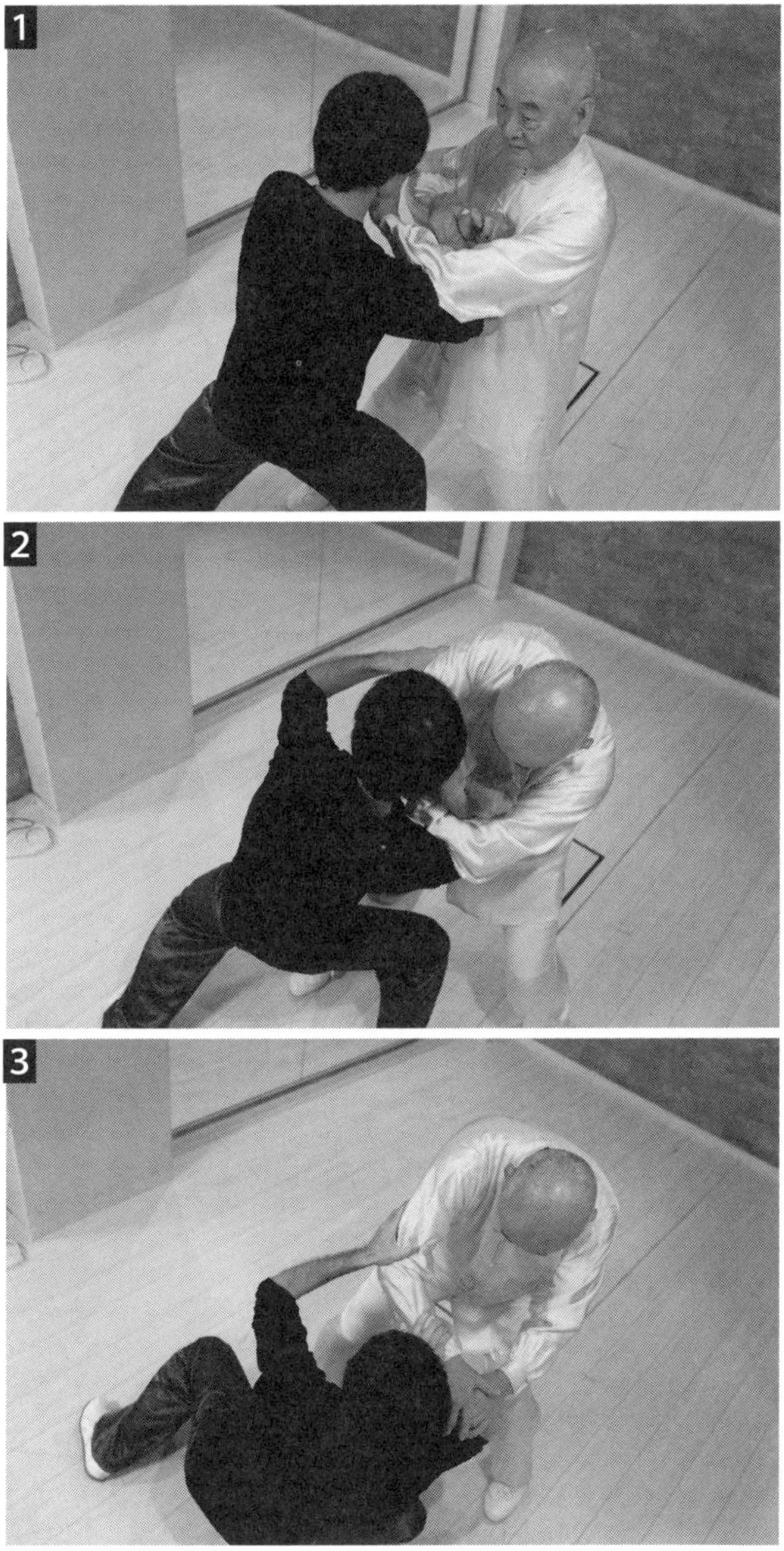

中国武術における関節技「擒拿」。本来は相手の抵抗力とぶつからないように力学的手順を踏んで極めるが、強大な勁力があれば、相手の関節を瞬時に破壊してしまう。

1

2

相手の突きを逸らさせた瞬間（写真2）が〝蓄勁〟になっているため、瞬時にカウンターを放つことができる。

3

4

後書き

筆を置いて顧みれば、すべてを説明し尽くしたはずが、自分自身の感覚が今現在さらに変化している事に気付いたのです。この感覚は恐らく究極を極めるまで尽きることのないもので、修行と進歩は一生続くものなのだと改めて感じさせられます。

太極拳は誰もが簡単に学べますが、功夫は誰もが簡単に得られるものではありません。その証拠に功夫随一の陳発科老師の弟子の中にも没有功夫（功夫がない）の人がいることを中国で知り、驚いた記憶があります。

功夫とは、良い師についたから成就できるというものではなく、また功夫を得たとしても高低の差があるものです。

すなわち個人の努力と素質が大きなカギとなっているのです。

もし要訣だけで功夫が得られると考える人がいるなら、その人は功夫を得ることは適わないでしょう。要訣をちょっと試して出来なければ他の要訣を探すようにしては、「練る」という、功を実践しないからです。

功夫とは一つの道を探求し続け、幾度も挫折と壁に阻まれても、なお挫けず進む者にしか成就できない道だと、私は体得から断言できます。

そのため本書では要訣よりも、日々繰り返して行う身体の練習法に重きを置いて解説し、要訣はその結果のものとして述べています。

すなわち本書は功夫体得のための実践手引きとして書きました。内容を実際に試し、吟味し、工夫を重ね、もし壁にぶつかっても自力で越える信念と努力が根本条件です。

本書が多くの太極拳愛好者の下に届き、生涯を通じて探求の助けとなる事を希望して筆を置きます。

2023年初秋

遠藤靖彦

著者略歴

遠藤靖彦（えんどう せいげん）

1955年東京生まれ。15歳から武術を始め、1973年からは「本物の師」を求め中国、香港、台湾へ渡り修行に明け暮れる。1979年、周元龍老師に初めて陳家太極拳の指導を受ける。1982年から陳家溝四傑の一人陳小旺老師より陳家太極拳を学ぶ。1984年4月、武漢国際太極拳剣表演観摩大会で優勝、同年6月に第1回全日本太極拳・中国武術表演大会で優勝を修める。同年11月から馮志強老師に師事し、陳家太極拳を学ぶ。2007年9月に「太我会」を組織し、これまで学んできた各種武術を土台として中国武術の指導を始める。

書籍『真の強さを求めて 功夫への道』（ＢＡＢジャパン）
ＤＶＤ『真の功夫を求めて』（ＢＡＢジャパン）

装幀：梅村昇史
本文デザイン：中島啓子

功夫（クンフー）の練り方 強さの正体 “勁”は力ではない！

2023年12月20日　初版第1刷発行

著　　者　遠藤 靖彦
発 行 者　東口 敏郎
発 行 所　株式会社ＢＡＢジャパン
〒151-0073 東京都渋谷区笹塚1-30-11 ４・５F
TEL　03-3469-0135　　FAX　03-3469-0162
URL　http://www.bab.co.jp/
E-mail　shop@bab.co.jp
郵便振替 00140-7-116767
印刷・製本　中央精版印刷株式会社

ISBN978-4-8142-0585-1　C2075